逮捕制度新论

张剑峰 著

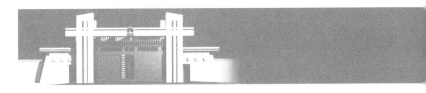

中国社会科学出版社

图书在版编目（CIP）数据

逮捕制度新论／张剑峰著 . —北京：中国社会科学
出版社，2016.8
ISBN 978 - 7 - 5161 - 8215 - 4

Ⅰ.①逮… Ⅱ.①张… Ⅲ.①逮捕—司法制度—
研究—中国 Ⅳ.①D924.134

中国版本图书馆 CIP 数据核字（2016）第 109513 号

出 版 人	赵剑英
责任编辑	许 琳
责任校对	季 静
责任印制	何 艳

出 版	中国社会科学出版社
社 址	北京鼓楼西大街甲 158 号
邮 编	100720
网 址	http://www.csspw.cn
发 行 部	010 - 84083685
门 市 部	010 - 84029450
经 销	新华书店及其他书店

印刷装订	北京市兴怀印刷厂
版 次	2016 年 8 月第 1 版
印 次	2016 年 8 月第 1 次印刷

开 本	710×1000 1/16
印 张	10.5
插 页	2
字 数	148 千字
定 价	38.00 元

凡购买中国社会科学出版社图书，如有质量问题请与本社营销中心联系调换
电话：010 - 84083683

内容摘要

逮捕是最严厉的刑事强制措施，亦是司法实践中应用最多的措施，因其适用的广泛性及可能造成的对犯罪嫌疑人人身权利的侵害，成为在刑事强制措施制度中，最受关注和研究最多的一项制度。新刑事诉讼法在惩治犯罪的基础上，在诉讼原则和具体程序规则层面上都进一步强调尊重和保障人权。逮捕制度的相关规定得以完善，重新界定了逮捕的条件、改革了审查批准逮捕程序、确定了羁押必要性审查、对逮捕的替代措施取保候审和监视居住的相关制度也有所突破，旨在促使我国司法实践中逮捕的正当性发展。在此基础上，笔者借鉴西方国家逮捕、未决羁押的相关制度，结合我国司法实践及国情现状，从理论基础、制度完善、程序设计、实践操作、替代措施等方面进行论述，进一步增强逮捕的正当性。全文共分五个章节：

第一章　逮捕的正当性。主要论述逮捕的基础理论。由于我国逮捕与羁押未分离，羁押是实施逮捕后的一种状态，故逮捕与未决羁押所涉的基本理论问题相近，在谈及理论基础时，逮捕与未决羁押概念基本混同。通过逮捕制度设计的不同理论的博弈，对几对理论进行了介绍和分析，指出逮捕是一柄"双刃剑"，国家主权与权力制约、功利主义与人权保障、求真主义与无罪推定几个不同理论碰撞的最佳契合，正是逮捕的正当性理论基础。一旦某一天平失衡，逮捕制度便成为一把"利剑"，直接伤害到相对方的利益。由此导出，适用逮捕必须遵循羁押法定原则、比例原则和羁押最后原则，通过法定的程序、法定的条件和法定的标准，将逮捕限制在必要的框架之内，增强逮捕实施的正当性。

第二章 逮捕的实质要件。主要从实体要件的角度论述逮捕的审查。逮捕的实质要件包括逮捕的证据条件、量刑条件及必要性条件，不同条件的证明责任及证明标准均有不同。证明责任主要由侦查机构承担，对于证据条件的证明应达到清楚而令人信服的证明标准；对量刑条件的证明，需达到优势证据的证明标准；对于必要性条件的证明，达到一般盖然性的证明标准。犯罪嫌疑人、辩护人方承担次要的证明责任，主要对违法性阻却事由、刑事责任能力、非法证据排除等一系列程序和实体性问题负有证明责任，其仅需通过提出初步的证据材料或提供线索要求侦查机构调取证据等方式，达到形成疑点的标准即可。新刑事诉讼法强化了逮捕必要性审查，逮捕必要性条件是正确适用逮捕的关键因素。

第三章 逮捕的程序设计。主要论述逮捕的应然程序。笔者从我国的逮捕现状出发，借鉴西方国家逮捕及未决羁押的司法审查制度，在正当性程序的理论基础上，构建起以检察机关侦查监督部门为中立的司法机关、以侦查机构为控方、以犯罪嫌疑人为辩方的诉讼模式构造，从程序的启动、程序的运行、相应的救济程序等方面，对审查逮捕程序进行了细致的设计，尤其是提出了非法证据排除的程序及效力。并特别指出了附条件逮捕这一实践中运用的比一般逮捕更加严厉的措施的控制和正当适用，对延长侦查羁押期限中存在的程序问题及决定主体问题亦给予了建议。

第四章 捕后的羁押必要性审查。主要论述捕后羁押必要性审查的制度安排。新刑事诉讼法首次明确了羁押必要性审查。羁押必要性审查是司法实践中的空白。最高人民检察院出台的刑事诉讼规则，对该内容体现为方案性的设计。笔者首次提出"三段三审制"的审查模式，根据刑事诉讼的不同阶段，从实践出发，逐一研判了该阶段羁押必要性的审查主体与该阶段羁押的决定主体，提出了具有可操作性、科学分配司法资源的方案。明确指出羁押与否的决定主体不同于羁押必要性的审查主体，羁押与否的决定主体一般为该阶段的程序主导者，而羁押必要性的审查主体一般为该阶段的法律监督者，清楚了这一思路，结合犯罪嫌疑人的救济程序，羁押必要性审查才能在实践中逐步发挥其应有作用。对于因退回补充侦查、发现新罪名、犯罪嫌疑人身份不明以及管辖错误造成的羁押期限重新计算等几种特殊情况下的羁押期限的重新计算的审查加以明确。而检察机关羁押必要性审查的本质及效力问题，也是笔者的论述重点之一。

第五章　逮捕的替代性措施。主要论述能够降低逮捕适用的可选择性替代措施的完善。替代措施的完善，是降低逮捕适用比例的题中应有之意。着眼于刑事强制措施体系，拘传、拘留、取保候审、监视居住和逮捕，着重讨论取保候审和监视居住，分析了指定居所的监视居住的性质，指出监视居住仅是取保候审和逮捕措施间的一种边缘性措施，不能成为真正意义上的逮捕的替代性措施，必将发展成为一种附义务的取保候审。而取保候审才是真正意义上的逮捕的替代性措施。通过实证调查的方式，论证了取保候审的法律基础及现实基础，搭建了取保候审的相关制度。将取保候审、监视居住的审查主体均设计为检察机关审查监督部门。

我国逮捕率偏高的问题一直被广泛关注，前期的司法改革已经进行了一系列的调整，新刑事诉讼法的颁布实施，必将会把我国逮捕的正当性适用推向一个新的台阶。笔者通过对相关理论的研究，从我国国情出发，借鉴西方国家的先进理念和成熟的司法制度，结合我国司法实践，构建出逮捕阶段的诉讼构造，通过该阶段各诉讼主体的"各司其责"，以程序的正义换取结果的正当性。

关键词：逮捕，实质要件的证明，听证程序，羁押必要性，取保候审

Abstract

System of Arrest: A New Theory Pretrial arrest is one of the most serious and powerful measures in the criminal justice system. It is also one of the most widely used in throughout the legal process. Its widespread use in conjunction with the potential for the human rights of the suspect to be violated has made the pretrial arrest system a central focus of public discourse and academic research. In addition to existing criminal law, the new Code of Criminal Procedure emphasizes respect for and protection of human rights. Upon its completion, the system of pretrial arrest and related legal procedures establishes a new set of conditions for pretrial arrest; reforms the investigation and detention process, confirms mandatory investigations and reviews, and stands as a breakthrough in the in realm of alternatives to pretrial arrest and post – bail residential surveillance (and the related legal procedures therein). It is designed to increase the legitimacy of arrest in China's legal system. On this basis, the author looks at Western countries' systems of arrest in combination with China's current judicial and national status quo. This paper discusses the system's theoretical foundation, process of completion, procedural design, and practical execution as well as alternative measures to arrest, in the pursuit of increasing the legitimacy of arrest in the People's Republic of China. The paper is divided into five chapters:

Chapter 1: The legitimacy of arrest   The first chapter discusses the theoretical foundation of arrest. The laws of the PRC do not differentiate between the state of arrest and the state of pre – trail custody, the latter is simply a default state that follows the former, and hence the basic theories involved in arrest and pretrial custody are highly similar. When discussing the theoretical foundations of arrest and pretrial detainment, the two are essentially indistinguishable. Through the application of theoretical games and the introduction and analysis of several additional theories, the author points out that arrest is a "double – edged sword" which serves as an optimal solution at the collision point of national sovereignty and the restraint of government power, utilitarianism and the protection of human rights, the search for truth and the presumption of innocence. The legitimacy of arrest lies at the equilibrium of these elements. When it becomes unbalanced, arrest becomes a weapon to wield against the interests of the defendant. Thus, the proper use of arrest must be in accord with the legal principles of detainment, the proportional principles and the principles of final detainment. The established legal process, legal conditions and legal standards, place the practice of arrest within a legal framework, and increase the legitimacy of its use.

Chapter 2: The substantial elements of arrest   This chapter discusses the substantive requirements of the review of arrest. The substantive elements of arrest include conditions regarding evidence, sentencing, and as well as other mandates. Different conditions of the burden of proof and the standard of proof are not the same. The burden of proof lies primarily with the investigative bodies, and all evidence must meet the clear standards of good evidence. Sentencing conditions must be in accord with clear and convincing standards. The necessary conditions of proof must meet the general standards of probability. The suspect and the council of the suspect bear a secondary burden of proof, primarily concerning illegal hindrances, criminal responsibility, and the rightful exclusion of illegal evidence as well as related procedural and substantive issues. Only by requiring investigative authorities provide preliminary evidence materials or clues which con-form the standards of evidence, can a standard of reasonable doubt be formed. The new Code of Criminal Procedure strengthens the review of ar-rest, the necessary conditions for arrest, and the proper use of arrest.

Chapter 3: The procedural design of arrest   This chapter discusses the proper process of arrest. The author, beginning with the current status of arrest in the PRC, looks at the arrest and pretrial detention review sys-tems of Western countries. Upon the theoretical basis of a legitimate process, neutrality of the judiciary, the investigation conducted by the prosecution and supervision department must, throughout the entire legal process, treat the suspect as a defendant. These bodies must design a thor-ough review of the legal process of arrest, especially with regards to the ex-clusion of illegal evidence. This also indicates that the use of conditional arrest is more serious and must have more stringent controls than the prac-tice of general arrest. They must also provide recommendations regarding the problems that exist throughout the process of extended detainment.

Chapter 4: Mandatory post – arrest review   This chapter discusses the arrangement for mandatory post – arrest reviews. The new Code of Criminal Procedure mandates a review of detainment. The mandatory re-view of detainment remains a blank page. The Criminal Laws of the Su-preme People's Procuratorate state that the content of the review should be designed in accordance with the conditions of the case. The author points out "the three stage three review" model's different stages. From practical application to judicial decision, the author follows the stages of the manda-tory review, points out its applicability, and outlines the scientific distribu-tion of judicial resources. The statute clearly indicates that pretrial detain-ment review is not the same as the mandatory detainment review proposi-tion. Detainment and pre – trail detainment is led by this stage, whereas the mandatory detainment review acts as a review of the legality of the process as a whole. Only after further clarification on this topic in combination with the suspect's relief procedures, can the mandatory detainment review have a meaningful role in the legal process. Clarification is also required on the return to supplementary investigation, the discovery of new accusations, the identity of the suspect being unclear, administrative errors that lead to the period of detention being recalculated, and other special circumstances. Questions regarding the substance and effectiveness of investigative bodies' mandatory detainment reviews are central points of this paper.

Chapter 5: Alternative procedures to arrest　This chapter discusses the completion of alternative legal options that could lower the use of arrest. The completion of alternative options should lower the arrest rate. This chapter looks at the measures of the criminal justice system, the issue of warrants, detainment, the issue of bail, post − bail residential surveillance, and arrest. The author primarily discusses release on bail and residential surveillance, and analyzes substantive nature of residential surveillance. She also points out that residential surveillance is only a marginal measure that occurs after arrest and after bail, and thus cannot become a meaningful alternative to arrest and must be developed alongside a system for collateral obligations. Only then can release with bail become a meaningful alternative to detainment. Through empirical investigation on a legal and realistic basis, a related bail system can be established. The central review of bail and residential surveillance are all designed for use by investigative bodies and supervisory departments.

The increase in the PRC's arrest rate has received widespread attention. Legal reform in the previous period has already brought about a series of legal adjustments; the arrival of the new Code of Criminal Procedure will push the use of arrest in the PRC to a new level of legitimacy. This paper begins with the status quò of the PRC, and then studies the advanced concepts used in Western countries in combination with the legal practices in the PRC. The structured phases of litigation and the delegation of procedural responsibilities to each judicial organ will allow the procedure of arrest to be more legitimate.

Key words: Arrest, Proof of the substantial elements, Hearing procedure, Mandatory review of detainment, Release Upon Bail Pending Trial

目　录

引　言

一　选题的理论意义和实践意义

逮捕是刑事强制措施中最严厉的一种，是国家强制性的剥夺犯罪嫌疑人、被告人人身自由的手段。从国际视角看，世界各国均认为逮捕限制了犯罪嫌疑人、被告人的人身自由，有侵犯人权的嫌疑，但从联合国公约直至各国刑事法律，均规定了逮捕、羁押的强制措施，体现出这一制度的重要地位，亦说明逮捕制度的存在有其合理性。然而，个案中适用逮捕的正当性问题，仍需要进行充分论证。尤其是我国高居不下的逮捕率，以及逮捕后伴随着的长期羁押状态，甚至出现了刑讯逼供和超期羁押等一系列问题，一直是我国近年来司法改革的重要问题之一。

自司法改革以来，我国逮捕制度的发展情况，可以看出，我国的刑事司法受刑事政策及法律理念的影响很大。而简单地将现有的司法结果归结于某一制度的落后或者某一国家机关的偏颇，均属于只看到表象，只抓到皮毛的表现。在刑事法律制度、审查逮捕制度未做任何调整的情况下，我国近十年来，尤其是近五年逮捕率呈现下降的趋势，就足以说明这一点。新刑事诉讼法对逮捕制度相关问题进行了完善，体现了国家的立法思想。我们要学习、要借鉴的是先进的理念，如何将先进的理念融入我国的法律实际中来，立法上还有哪些问题需要进一步完善，司法实践中如何准确把握和执行法律？在我国的社会、法律框架下完善相关法律制度和实践操作，促使其一步步走向成熟，是笔者选题的出发点和落脚点。

二 国内外研究现状

从各国司法实践看，西方国家逮捕制度类似于我国的拘留，属于一种临时性的强制措施，而犯罪嫌疑人被逮捕后，会在极短的时间里被带到法官面前，经由法官审查，决定是否进行审前羁押，羁押是一种独立的强制措施。西方国家的逮捕及未决羁押制度在司法实践中不断完善和修正，从偏重于对犯罪嫌疑人人身权利的保护，到注重犯罪嫌疑人人身权利和社会危险性的综合评价，相关制度已经日趋成熟。西方国家遵循以法官为审查主体，按照法定程序决定羁押与否的司法审查制度。如德国法律赋予法官可以依申请或者依职权签发先予羁押的书面命令。检察官提出申请，法官审查后，可以发布书面命令将犯罪嫌疑人羁押。依职权是指在法律规定的特定条件下，法官可以依职权在不用通过检察官申请的情况下直接发布书面的羁押命令将犯罪嫌疑人羁押。英国法律规定警察仅能将犯罪嫌疑人扣留 36 小时，超过 36 小时，警察如果仍想对犯罪嫌疑人进行扣留的话，就需要向法院提出申请，由法院做出是否允许延长扣留期限的决定，在警察提出延长扣留期限的申请后，有管辖权的法院需要针对该申请秘密召开听证，听证的参加方分别为提出申请的警察方和犯罪嫌疑人及其辩护律师一方，听证程序允许双方进行充分辩论，主持听证程序的两名法官将结合双方的辩论意见，最终决定是否同意警察的申请，允许对犯罪嫌疑人继续扣留，如果申请最终被法院驳回，警察仍然可以继续提出延长扣留期限的申请，但在对犯罪嫌疑人提起诉讼之前，对犯罪嫌疑人扣留的总时限必须控制在 4 日内。

我国学者在此方面亦有较多的研究，如孙谦撰写的《逮捕论》，主要从对逮捕制度理论思考的角度，阐述了逮捕制度发展的历史沿革，并以形式一体化的视角，结合实体法，论述了逮捕与犯罪、逮捕与刑罚的内在联系，结合程序法，论述了逮捕与证据的关系。旨在揭示法律现象所蕴含的原理，使执法者明白条文背后的法律精神，明白具体的执法活动对社会生活以及公平正义所带来的影响，增强执法者的责任感和正义感。再如房国宾撰写的《审前羁押与保释》，以涵盖逮捕的审前羁押为视角，从审前羁押的法律定位、审前羁押适用的正当性、适用标准、适用程序等方面进行了制度化的构建，将保释作为审前羁押的替代措施，进行了论述，具有较大的比较法上的意义。我国学术界的通说认为应当限制逮捕，注重对犯罪嫌疑人人权的保护。但多数是依照域外国家的法律制度设计我国的逮捕制度，尤其是以法院为审查主体的司法审查制度，忽略了中国国情和中国特色制度。

新刑事诉讼法对强制措施章节进行了较大的完善，要求几种情况下，检察机关在审查逮捕阶段要提讯犯罪嫌疑人；细化了逮捕必要性条件；首次提出羁押必要性审查；明确了取保候审和监视居住为逮捕的替代措施，具有一定的进步意义。新刑事诉讼法颁布实施以来，尚未有针对目前的法律规定对逮捕制度进行系统论述的文章。

三　本文的核心观点

诚然，深入的理论剖析、清晰的制度设计、良好的程序规划、完善的配套保障以及成熟的社会基础，是一项制度得以充分发挥作用的坚实基础。我们欣喜地看到，新刑事诉讼法对逮捕制度相关规定的调整，更倾向于保护犯罪嫌疑人的权益，主要表现在规定律师可以辩护人的身份参与到审查逮捕环节，赋予了犯罪嫌疑人、被告人充分的辩护权，对犯罪嫌疑人、被告人实施逮捕后要进行羁押必要性审查等；还进一步细化了"有证据证明有犯罪事实"的标准，使实践掌握更具有可操作性；非法证据排除，也是审查逮捕阶段的新亮点。但是这些规定还不尽完善，相关司法解释亦刚刚出台，尚处于磨合期的试行阶段。这恰恰是法律工作者充分发挥主观能动性，建言献策，进一步丰富和完善我国法律制度的最佳时机。

　　笔者立足于我国的国情和特色制度，结合新刑事诉讼法，对逮捕制度相关问题的理论及实践进行论述，设计以检察机关为审查主体的逮捕听证程序，在逮捕环节搭建一种准诉讼模式；对逮捕的实质要件、羁押必要性的审查及证明问题进行分析，提出在侦查机构承担主要证明责任的前提下，犯罪嫌疑人、辩护人方应当承担次要的证明责任，尤其是在刑事责任能力、违法性阻却事由、犯罪主观要件方面，犯罪嫌疑人方要承担一定的证明责任，犯罪嫌疑人方的证明标准一般达到形成疑点标准即可，即能够使裁决方对该问题产生怀疑即可。在羁押必要性审查方面，区分羁押必要性审查主体和决定主体，设计根据刑事诉讼不同阶段，由检察机关在该阶段的监督主体进行羁押必要性审查，由该诉讼阶段的主导者决定的制度；根据调研和分析，提出扩大适用取保候审的观点，建立起相对完善的逮捕替代制度，逐步改变我国逮捕率较高的现状。

四　研究方法和创新观点

　　笔者借新刑事诉讼法实施之初，从历史和辩证的角度，吸收和借鉴西方国家先进的法律理念和法律制度，结合我国的国情，采取理论和实践相结合的方式，通过实践调研和数据分析，系统论述逮捕制度的理论基础，适用原则，论述逮捕必要性的证明，构建逮捕程序及羁押必要性审查制度，完善逮捕的替代性措施取保候审的适用。力图在以下方面有所创新：一是在逮捕实质要件的审查和证明方面，提出证据要件、量刑要件及必要性要件的证明标准呈逐渐减弱的趋势，证据要求的证明标准最高，达到清楚而令人信服的标准，必要性要件的证明标准相对最低，达到一般盖然性，而量刑要件的证明标准居中，达到优势证据的标准。二是在逮捕听证程序的设计方面，设定依职权启动和依权利启动相结合，以依职权启动为主的模式，为避免程序的滥用，影响诉讼效率。对是否构罪存在争议、关键证据为非法证据、量刑可能在有期徒刑以下、犯罪嫌疑人为特殊群体及特殊情况的逮捕需依职权启动逮捕听证程序。三是在羁押必要性审查方面，提出"三段三审"制的模式，在每个诉讼阶段，适当的时间节点，由检察机关承担该阶段法律监督职能的部门进行羁押必要性审查，这种审查包括依职权的审查及受理控告申诉的审查。审查主体和决定主体相分离，明确检察机关羁押必要性审查权的效力。四是通过实践调研，论证扩大适用取保候审的社会基础，提出由取保候审作为逮捕的替代措施，具有普适性，且设计由检察机关或者法院的预审部门作为主体决定取保候审和监视居住的适用。期望为我国法治建设尽绵薄之力。

由于我国侦查职能分配给不同的机关和部门，包括公安机关、国家安全机关、监狱及检察院自侦部门，故笔者在论述中统称为"侦查机构"。

第一章 逮捕的正当性

逮捕作为刑事诉讼法中最为严厉的强制措施，具有打击犯罪和保护人权的双重任务，而逮捕的实施，一方面令国家获得了追诉犯罪的便利，另一方面又剥夺了犯罪嫌疑人的人身自由权利，这其中涉及不同理论的博弈，只有找准理论平衡点，遵循相应的原则，才能将逮捕的措施应用到恰到好处，取得最佳的法律效益和社会效益。[①] 由于我国逮捕与羁押属于行为和状态的关系，在我国逮捕即意味着羁押，因此在理论基础方面，逮捕制度与捕后的羁押制度基本一致，为便于表述，本章统一使用逮捕的概念。

第一节 逮捕制度的理论基础

与多数制度的差异是，逮捕制度既包含着容忍逮捕的理念，又包含限制逮捕的理念。所有的法治国家均有关于逮捕和羁押的制度规定，同样，所有法治国家对逮捕和羁押都作出了明确的规定和严格的限制。显然，逮捕制度的理论基础不是单向度、同质性的思想，而是由双向度、异质性的思想组成，是不同理念碰撞的结晶。不同的理念折射出不同的价值观，如何在不同的价值取向之间取得平衡，是我们需要认真对待的课题。

[①] 孙谦：《逮捕论》，法律出版社 2001 年版，第 150 页。

一　主权主义与权力制约

（一）主权理论

主权涵盖的内容十分广泛，从逮捕的角度，主要包括法律制定权和最高裁判权。亚里士多德提出主权的概念后，法国思想家布丹进行了全面的阐述。主权是国家的根本属性，对内具有最高权力，对外具有独立权力。[①]

为了自由和利益能够得到更好的实现，公民赋予了一定的权力给国家。按照社会契约论的代表者卢梭的观点，国家就成为一个道德人格，国家的生命就在于它的全体成员的结合，并且如果它最主要的关怀就是要保存它自身，那么它就必须有一种普遍的强制性的力量，以便按照最有利于全体的方式来推动并安排各个部分。就像自然赋予了每个人以支配自己各部分肢体的绝对权力一样，社会公约也赋予了国家以支配它的各个成员的绝对权力。

逮捕制度中，国家通过制定法律，剥夺了尚未被判决有罪人的人身自由，即是主权理论的一种体现。而这种主权的作用，正是想借助一种公力，保护和保障国家中个体的人身权利和财产权利。是国家中的每个人为了和平和自由，将自身的部分权利让渡给公权力，通过公权力对各项私权利进行整合，改变私权利的"自然状态"，给国家和社会带来和平。[②] 由此，每个人都必须放弃其根据本性为所欲为的权利；每个人都必须遵守和履行他的契约。如果有人为所欲为，并且严重侵犯了他人的人身权利或财产权利，破坏了既有的社会关系，必然要接受应有的惩罚。而为了确保惩罚的及时性、准确性和有效性，国家有权对侵犯他人人身权利、财产权利、破坏既有社会关系的人，阶段性的限制人身自由。这一制度在各国法律中均有体现，也是各国主权的体现。

---

① 王铁崖：《国际法》，法律出版社 1995 年版，第 65—66 页。
② 浦兴祖：《西方政治学说史》，复旦大学出版社 1995 年版，第 213—219 页。

（二）权力制约理论

罗伯特·达尔称："权力是 A 影响 B 在某些方面改变自己的行为或倾向的能力。"① 这一概念表现出权力的强制性特点和关系性特点。逮捕就是通过国家公权力，强制性地限制了犯罪嫌疑人的人身自由，使其不可以实施毁灭证据、干扰证人作证、逃跑、自杀等影响诉讼的行为。但是，如果公权力不加以限制和制约，又容易因出于诉讼便利或其他目的，造成逮捕的滥用。

除去国家的公共人格外，社会中的个体也是我们需要考虑的对象，这些构成公共人格的个体的生命和自由是天然地独立于公共人格之外的。问题就在于要很好地区别与公民相应的权利和与主权者相应的权力，并区别前者以臣民的资格所应尽的义务和他们以人的资格所应享的自然权利。因此，主权权力虽然是完全绝对的、完全神圣的、完全不可侵犯的，却不会超出，也不能超出公共约定的界限；并且人人都可以任意处置这种约定所留给自己的财富和自由。因而主权者便永远不能有权对某一个臣民要求得比对另一个臣民更多，因为那样的话，事情就变成了个别的，他的权力也就不再有效了。②

另外，无论何种权力，无论具有多么高尚的名义，权力最终由具体的个人行使，因此权力的行使与权力主体的个人意志无法剥离，而自由是个人意志的最大特征。意志的自由决定了权力在内容和转化形式上具有不确定性的特征。这种不确定性是权力扩张、滥用、异化等问题的根源，是权力需要制约和监督的根本性理由。③侦查机构出于追诉犯罪的便利考虑，希望对犯罪嫌疑人实施逮捕，

---

① ［美］罗伯特·达尔：《现代政治分析》，王沪宁、陈峰译，上海译文出版社1987年版，第36页。

② ［法］卢梭：《社会契约论》，何兆武译，商务印书馆1980年版，第19—20、37—41页。

③ ［美］博登海默：《法理学：法律哲学与法律方法》，邓正来译，中国政法大学出版社1999年版，第362页。

因为逮捕犯罪嫌疑人，既有利于查清犯罪事实，又有利于对犯罪嫌疑人进行惩罚。故此，如果由侦查机构自行决定逮捕，逮捕作为一种程序性保障，很容易被滥用，进而异化为惩罚手段。故而，必须将逮捕的权力从侦查机构中进行分离，制约逮捕的适用。

（三）两者在逮捕制度中的平衡

丹宁勋爵曾指出，"在一个自由而安全的社会秩序中，倘若一个正直的人可以受到杀人犯或盗贼的侵害，那么他的人身自由就分文不值了。每一社会均有保护本身不受犯罪分子危害的手段。社会必须有权逮捕、搜查、监禁那些不法分子。只要这种权力运用适当，这些手段都是自由的保卫者。但是这种权力也可能被滥用。而假如它被人滥用，那么任何暴政都要甘拜下风"。① 这是对国家既享有公权，又要限制国家公权力的论述。

国家权力主要通过立法、行政执法、司法活动而实现。国家的公共管理活动目的是达成和谐、稳定的社会秩序。这种管理不仅仅包括合理地分配社会个体之间的利益，而且包括在利益出现争端时，为防止私力救济进一步破坏已经被破坏了的社会秩序，而采用诉讼的方式来解决纠纷。在出现严重的危害社会秩序的犯罪行为时，国家通过对有罪之人实施刑罚，达到保护社会秩序的目的。但是，国家刑罚权的实现，必须通过每一个具体的诉讼活动。在每一个诉讼活动中，司法机关若不能准确地实现刑罚权，社会秩序的维护将流于空谈。为了保障刑事诉讼程序的顺利展开，排除诉讼中可能遇到的行为人逃避诉讼和阻碍证据的获取所导致的案件事实不能恢复的障碍，立法必须赋予司法机关一定的审前羁押权。采取审前羁押的主要目的是程序性的，而不是实体性的，更不能演变成为一种积极的惩罚措施，这是因为根据现代法治原则，对于那些涉嫌违法、犯罪的公民，国家不得不采用审前羁押手段，从而剥夺公民的

---

① ［英］丹宁：《法律的正当程序》，李克强等译，法律出版社 1999 年版，第 86 页。

人身自由，这些措施的采取应摆脱赤裸裸的报复性，而应具有最基本的合目的性。无论是警察机构还是检察机关，都不能对其采取任何带有惩罚性的措施。因此，逮捕并不是刑罚，也不应成为变相的刑罚。这就对逮捕的适用提出一项基本要求：绝对不能仅仅因为嫌疑人、被告人涉嫌犯罪而对其采取逮捕措施。

　　既然作为主权行为的逮捕制度不是任意、无序、不公正和过度的，那么，就要对这种行为进行制约。首先，从法律制权的角度，逮捕应该是规范化、制度化的法律规定，而不能是官员或者国家机构的率性作为。尽管只是临时性的措施，但逮捕客观上剥夺了被逮捕者的人身自由，对于被逮捕者，其强制性及权利剥夺性无异于刑事处罚。"尽管从法律功能上看，未决羁押与监禁刑不可同日而语，但从对人身自由的限制程度来看，两者却并无实质上的区别。"①贝卡利亚早就告诫过："只有法律才能为犯罪规定刑罚。只有逮捕根据社会契约而联合起来的整个社会的立法者才拥有这一权威。"②将逮捕作为专门的法律制度规定下来，不仅能提高民众对逮捕的服从度，而且可以规范国家官员的行为，保障公民的合法权利。其次，逮捕制度本身应该设计为良法，此为民主制权的要求。作为良法的逮捕至少应包括这样的内容：合理的理由、必要的证据要求、公正的审查决定程序、适当的羁押期限、必要的救济途径。再次，国家官员必须严格遵照法律实施逮捕。逮捕的权力指向针对公民的自由，如果不严格按照法律操作，势必严重侵犯公民的自由和权利，毁坏国家的法治。美国法学家富勒将"官方行动和法律的一致性"当做他那著名的八个法制原则中最为关键的一个原则，并认为"法治的实质必然是：在对公民发生作用时，政府应忠实地运用曾宣布是应由公民遵守并决定其权利和义务的规则。如果法治不是这个意思，那就什么意思都没有。"③ 最后，逮捕制度的构建中，相

① 陈瑞华：《问题和主义之间》，中国人民大学出版社2005年版，第195页。
② [意] 贝卡利亚：《论犯罪与刑罚》，黄风译，中国大百科全书出版社1993年版，第11页。
③ 沈宗灵：《现代西方法理学》，北京大学出版社2003年版，第55页。

关国家机关均要承担相应的职能。权力的制约既要体现在国家权力在一定范围内行使，又要体现在权力在不同国家机关的行使和相互制约。在相互监督和制约中，促成逮捕的正当性。

二　功利主义与人权保障

（一）功利主义

近代以来，从休谟、边沁到密尔，以公共利益权衡、计算为核心的功利主义思想逐渐成为社会和政治哲学的主流，成为现代西方社会政治和政策的理论依据。① 功利主义旨在为国家制度和社会政策的合法性寻求一种全新的、实在的理论基础，以期使整个社会的利益和福祉有所增进。与简单的利己主义或者利他主义不同，功利主义关心的是人类的最大化利益，追求整体利益的最大化。② 最大幸福原则是功利主义的目标，意即追求最大多数人的最大幸福。这一原则内在蕴含着对整体主义和集体主义的价值选择，既可以为了整体的、长期利益需要从而牺牲局部的、眼前的利益，也可以为了集体利益需要而牺牲个人利益。③

功利主义思想对法律领域有着深刻影响。对于法律，边沁认为"增长社会幸福的总和是一切法律所应具有的一般目的。"④ 从而各种惩罚措施存在的合法性在于也只能在于其适用能够排除更大的危害，进而使社会整体的正的、善的总和有所增加。从功利主义的利益权衡角度考量，逮捕制度存在的价值在于：

第一，能够促使诉讼程序正常进行。诉讼是和平的解决现代社会纠纷的重要手段之一。"当私力救济逐步退出历史舞台之后，诉讼取而代之的成为解决社会矛盾的主要手段。从而反映出社会正在

---

① 李小兵：《当代西方政治哲学主流》，中共中央党校出版社 2005 年版，第 78 页。
② 夏勇：《中国民权哲学》，生活·读书·新知三联书店 2004 年版，第 289 页。
③ 赵敦华：《现代西方哲学新编》，北京大学出版社 2001 年版，第 41 页。
④ ［英］边沁：《道德与立法原理导论》，时殷弘译，商务印书馆 2000 年版，第 216 页。

积极的进步：人类冲突的平息不再依靠冲突主体自身的报复性冲突来实现。"① 因此，为保障诉讼的正常进行，和平解决因犯罪可能引起的社会冲突，进而使冲突得以平息、社会秩序得以稳定、公众利益得以维护，在必要的情况下，适用逮捕。逮捕对诉讼顺利进行的保障功能主要表现在以下三个方面：一是可以保证犯罪嫌疑人、被告人按时到庭。如果犯罪嫌疑人、被告人确实实施了犯罪行为，那么，其将会被判决承担相应的法律责任，结果会对其产生严重的影响。所以，犯罪嫌疑人、被告人在面对严重的法律后果时，一部分人会选择潜逃，趋利避害。而如果犯罪嫌疑人、被告人不知去向，诉讼程序将不得不中止，国家刑罚权将无法实现，社会正义无法伸张，公权力不能发挥救济作用，私权利自救的情况就难以避免。因此，对于犯罪嫌疑人、被告人可能逃跑的以及在非羁押期间有逃跑行为的，各国通常会做出予以关押的选择。二是保护嫌疑人、被告人的人身安全，防止意外被害。如果嫌疑人、被告人的确是犯罪行为人，那么，其自身的生命安全也可能受到威胁。一方面其可以畏惧刑罚的惩罚或者犯罪后的心灵恐慌和自我责备，而选择自杀的方式逃避惩罚；另一方面也有可能因为被害人方的处于激愤的状态而受到伤害。逮捕则能够防止发生上述意外情况。三是能预防犯罪嫌疑人、被告人可能实施的毁证、串供行为。犯罪嫌疑人面临可能的刑罚处罚，无疑希望处罚降到最低，希望侦查机构收集不到其犯罪的证据，尤其是严重的刑事犯罪嫌疑人，更有可能在其力所能及的范围内，干扰证人、毁灭证据。

第二，能够在一定程度上预防犯罪。一是逮捕后，每个阶段均有法定期限，促使审判程序和执行程序更加迅速，起到震慑犯罪的作用。通常来说，从犯罪到最终执行刑罚需要经历侦查程序、起诉程序和审判程序，虽然在表现形式上已经非常严谨，但仍然存在中间过程经历时间较长的缺点，而逮捕制度则能将犯罪到刑罚的执行中间所经历的时间尽可能地缩短，可以更好地起到预防犯罪的效

---

① 顾培东：《社会冲突与诉讼机制》，法律出版社 2004 年版，第 18 页。

果。正如贝卡利亚所言："犯罪与刑罚之间的时间隔得越短，在人们心中，犯罪与刑罚这两个概念的联系就越突出、越持续，因而，人们就很自然地把犯罪看做起因，把刑罚看做不可缺少的必然结果。"① 因此，"惩罚犯罪的刑罚越是迅速和及时，就越是公正和有益。"② 及时、适时的处罚，对犯罪嫌疑人本身及社会其他民众，均能起到震慑的作用。二是逮捕可以防止犯罪嫌疑人、被告人在候审期间再次犯罪。人身危险性很高的嫌疑人、被告人，在候审期间存在再次犯罪的如下可能：①为了报复而伤害被害人及证人；②基于逃避法律制裁的目的而恐吓、威胁甚至伤害被害人及证人；③某些暴力性犯罪的疑犯，可能由于天生的暴力倾向而再次向无辜者施暴。为了防止嫌疑人、被告人在接受审判前再次犯罪，各国均有预防性羁押的规定。

第三，具有节约司法资源的积极意义。实现正义需要付出代价。实现司法正义必然要消耗司法资源，而司法资源来源于国家的投入，其实质是由纳税人即广大民众负担。那么节约司法资源也就意味着民众负担的减轻，纳税人收入的增加。因此，在民主制国家，司法机关及其工作人员均负有节约司法资源的义务。将嫌疑人、被告人作未决羁押，在很多时候确实能节省司法资源：一是便于司法人员提高工作效率。当嫌疑人、被告人等处于被关押状态，执法司法人员需要进行讯问时，只需去羁押场所即可。而当犯罪嫌疑人或被告人的人身自由未被限制时，相关工作人员的讯问工作则可能受到诸多限制，诸如被讯问人"人不在"、"没时间"之类的情况。两相比较，对于被羁押的嫌疑人、被告人，司法人员可以按照需要调整讯问等程序的顺序，可以更好地使工作效率得以提高。二是有助于查清事实。通常情况下，羁押嫌疑人更容易获得有罪供述。显然，通过犯罪嫌疑人的供述来查找证据要比通过正常的调查

---

① ［意］贝卡利亚：《论犯罪与刑罚》，黄风译，中国大百科全书出版社1993年版，第56—57页。

② 同上书，第56页。

取证容易。三是能够预防犯罪嫌疑人潜逃、畏罪自杀。许多情况下，行为人在实施犯罪后，出于对惩罚的畏惧，一些罪行深重的人会选择逃跑甚至自杀。而无论是疑犯的逃跑还是自杀，都将使已进行的诉讼进程被迫中断甚至中止，已经投入的司法资源无端浪费，司法正义的实现也将陷于迟延甚至落空。四是可以防止被害人、证人受到嫌疑人、被告人的恐吓、威胁甚至伤害，降低保护被害人、证人的成本。要证明犯罪嫌疑人、被告人所犯罪刑需要依靠确凿的证据，而被害人、证人均是证据的重要来源，如果因为他们因为害怕而不敢站出来据实提供证词的话，很有可能使罪犯逍遥法外。疑犯在面临严厉的法律制裁的时候，很有可能会采取威胁、恐吓被害人、证人等极端方式来使自己脱罪。另外，被害人、证人也很有可能遭到打击报复。所以，司法机关有时需要投入大量人力物力以保障被害人、证人的安全。因此，如果先行将犯罪嫌疑人予以控制则会尽可能减少司法资源的投入，降低成本。五是能够预防犯罪嫌疑人的再犯罪，在判决之前，犯罪嫌疑人、被告人再次进行非法活动的情况时有发生，因此，将他们先行羁押，予以控制可以降低这部分人再次犯罪的可能，可以更好地节约司法资源。

（二）人权保障

人权就是"人之为人而享有的权利"。[1] 近代西方资产阶级思想先驱格老秀斯认为权利有道德权利和法律权利的区分。道德权利是基于人的自然属性产生而由道德来支持的权利，又被称作自然权利；法律权利则是由法律规定赋予人的权利。人权在本质上是一种道德权利，因为"人之为人"是一种道德判断，它不依赖于国家的法律而存在。人权最初都是作为道德权利表现出来，而后转化为法律权利，并通过法律的实施获得实现。美国的《权利法案》、英国的《自由大宪章》、法国的《人权宣言》等人类社会最早的人权法

---

① ［英］戴维·米勒等：《布莱克维尔政治学百科全书》，邓正来等译，中国政法大学出版社 2002 年版，第 336 页。

中就已经包含了用程序正义保障人权的原则和条款。

如今，保障和维护人权已作为一项基本准则得到国际社会的普遍承认，虽然现实中，关于人权的解释千差万别，但正如米尔恩所总结的，生命权、自由权、获得帮助权、公平对待的公正权、诚实对待权、儿童受照顾权以及礼貌权，是七项最低限度的人权。① 其中，自由权无疑对逮捕制度构成直接的制约，而生命权、获得帮助权、公平对待权等也在一定程度上规范逮捕制度的建立。

关于自由权，在人类思想史上有多种表述。例如，《独立宣言》起草者杰弗逊认为，"自由乃是人生来就享有的和不容剥夺的一项权利。"洛克说："法律的目的是保护和扩大自由，而并不是限制和废除自由。"② 孟德斯鸠强调："如果一个公民有权利做法律所禁止的事情，他就不再自由了，因为其他人也同样会有这个权利。""自由是做法律所许可的一切事情的权利。"按英国人柏林的界分，积极自由则是"去做……的自由"，消极自由是一种"免于……的自由"。消极自由的实质是区分公共区域和私人区域，并使得私人区域不受非法侵犯。"人类生活的某些部分必须独立，不受社会控制。若是侵犯到了某个保护区，将构成专制，而不论该保留区多么狭窄。"③ 逮捕限制了公民的人身自由，而公民的人身自由又是最应当被保障的权利。正如英国历史学家汤因比指出那样："没有一种最低限度的自由，人就无法生存，这正如没有安全、正义和食物的最低限度的保障，人便不能生存是一样的。"④ 因此，自由权从根本上抵制着逮捕的适用。

---

① ［英］米尔恩：《人的权力与人的多样性》，夏勇等译，中国大白科全书山版社1995年版，第171页。
② ［英］洛克：《政府论》，叶启芳等译，商务印书馆2001年版，第35页。
③ ［英］柏林：《两种自由概念》，陈晓林译，《市场逻辑与国家观念》，生活·读书·新知三联书店1995年版，第205—206页。
④ ［美］博登海默：《法理学：法律哲学与法律方法》，邓正来译，中国政法大学出版社1999年版，第280页。

（三）两者在逮捕制度中的平衡

从功利主义的利益权衡角度，逮捕在保障诉讼、预防犯罪及节约司法资源方面是有着重要价值的。保障诉讼，既是保障犯罪嫌疑人、被告人按时到庭，也是保障犯罪嫌疑人、被告人不毁证、串供和妨碍作证，又是保障犯罪嫌疑人、被告人自身的人身安全，使其免受被害人报复。但是功利主义考虑的更多的是国家、社会的集体利益，而非作为犯罪嫌疑人的个人权利。随着社会文明发展进步，社会更加强调以人为本，个人权利不再一味无条件地让渡于集体权利，个人作为社会中的基本组成元素，其权利越来越受到尊重。由此，作为最低限度人权的自由权，自然要受到全面的保护。当然，自由并不能够像菲尔麦假想的那样"高兴怎样生活就怎样生活，乐意怎样做就怎样做。"①"无论是何种自由都可能会被出于某种目的而不择手段的人所滥用，所以，为了社会制度的完善，自由需要受到限制，如果不对自由进行限制，那么所有人都可能成为自由滥用的受害者"②。自由权制约着未决羁押的适用，而滥用自由也必须受到限制，这种理论上的否定之否定，并不是确证了逮捕制度的普遍合理性与正当性，而仅仅是给逮捕制度保留了一块生存的空间与可能，让其在例外的情境下存在。

故此，逮捕是一把"双刃剑"。正确实施，有利于准确、及时地完成惩罚犯罪的任务；而错误实施，则会侵犯公民的人身自由权。在刑事诉讼中，由于事实上的犯罪行为破坏了法律秩序，为了确保实施个体案件中国家的刑罚权，恢复法律秩序，国家不得不在诉讼产生障碍的情形下，采用逮捕的手段，以排除这种障碍。被逮捕者也不得不忍受这样的剥夺人身自由的措施。而且，如果犯罪不受到有效的追诉，个人自由权利只是空谈。因此，各国法律在容忍

---

① ［英］洛克：《政府论》，叶启芳等译，商务印书馆2001年版，第15页。

② ［美］博登海默：《法理学：法律哲学与法律方法》，邓正来译，中国政法大学出版社1999年版，第281—282页。

逮捕制度的同时，又规定了较为严格的条件和程序。在近现代社会刑事司法理念中，出于对人权的高度重视，人们越来越推崇"宁纵勿枉"的原则。正如王牧教授所言，犯罪发生后，就已经出现了危害社会的行为和结果，如果放纵了犯罪，是没有修复被破坏的社会秩序，事情没有办好，因为应该受到惩罚的人没有受到应有的惩罚。但是，如果冤枉了其他人，办了假案和错案，不但应该受到惩罚的人没有得到惩罚，被破坏的社会秩序未能得到修复，甚而形成了新的破坏，无辜的人受到了不应有的惩罚。法律追求秩序，因而，它首先是限制恣意横行、无法无天的现象。从这个意义上说，刑事诉讼法首先是减少和杜绝冤假错案的法律，逮捕作为一种重要的刑事司法制度必须符合这个原则。① 而由逮捕所带来的审前羁押会导致被追诉人人身自由的剥夺，当然应当遵守这一"宁纵勿枉"的原则。

　　在司法实务当中，逮捕作为涉及使用国家权力和权威来强制控制个人行为的刑事司法制度，需要在相互冲突的社会利益与个人利益之间作出慎重抉择。贝卡里亚认为，"就社会自身的安全来说，同样违背其宗旨的一个错误是：允许执行法律的官员任意监禁公民，允许他根据微不足道的借口剥夺某个私敌的自由，或者无视最明显的犯罪嫌疑，使他的朋友不受处罚"。② 逮捕所带来的人身自由权利剥夺就是副作用，牺牲被追诉人的人身自由权利换来社会秩序的维护是必要的，也是正当的。但是，如果单纯为了实现逮捕的目的，而牺牲了与之不相称的利益，也就是说，逮捕本身可能对被追诉人造成无可挽回的伤害，那么，逮捕也就失去其应有的正当性了。逮捕制度的正当性要求主要体现于正当的适用根据。为了达到刑事诉讼的目的，囿于国家在通过任意手段追诉犯罪上的局限性和被追诉者自我防卫的必然性，司法机关不可避免地会动用逮捕。尽

---

　　① 孙谦:《逮捕论》，法律出版社 2001 年版，第 1 页。
　　② ［意］贝卡里亚:《论犯罪与刑罚》，黄风译，中国大百科全书出版社 1993 年版，第 17 页。

管逮捕以保全证据和保全行为人为手段，来排除刑事程序中的障碍，最终确认国家刑罚权。自由虽然不是一项绝对的权利，甚至为了社会的公平，为了维护社会的整体秩序，需要个人权利服从集体利益，需要个人牺牲和放弃个人权利。但个人是社会的基本构成要素，尤其是自由权，是人最基本的权利，在实施逮捕的过程中，不能因为集体的利益而完全忽视和放弃个人权利的保护，尤其是对被逮捕人权利的保护。在面对强大的公权力之时，个人权利的保护就显得尤为重要。因此，在逮捕的适用上，既要坚持"宁纵勿枉"，不要使无辜人的权利受到不应有的损害，又要限制逮捕的适用，尽量减少对人身自由权的限制，更要注重保护被逮捕人的权利，为被逮捕人营造一个权利最大化的空间。

三　求真主义与无罪推定

（一）求真主义

法律适用之外，证据是法官进行判决的依据，而证据所证明的是案件事实，事实真相无疑是作出正确判决的决定性因素之一。通常，在大陆法系国家查清案件事实都是通过刑事诉讼程序来实现的。德国诉讼法学家赫尔曼曾说："总的来说，与其把审问程序说成是一种辩论，毋宁把它看成是一种准科学的探求真相的方法。同历史学家一样，审判官就是要收集事实加以分析。他把法庭上的辩论和双方当事人提供的证据综合起来，就公诉事实设法在头脑中绘出客观而综合的形象。可以说，通过综合认定来探求事实真相正是审问式公判审理的精华。"[①] 英美法系国家则是通过控辩双方的证明和辩论，使案件的事实浮出水面。如英国大法官丹宁勋爵所述："法官的目标首先是找出真实情况，然后再根据法律进行公正审

---

① 龙宗智：《刑事庭审制度研究》，中国政法大学出版社 2001 年版，第 103 页。

判。"① 因此，"在刑事程序中，纵然被告人供认不讳，法官也必须查明这一事实是否真实。刑事程序力争得到的真实，是真正的实质的真实性。"②

我国法学界曾经就客观真实与法律真实产生过激烈的争论。所谓客观真实，是指在司法活动中，人们对案件事实的认识，完全符合客观的实际情况。所谓法律真实，是指在司法活动中，人们对案件事实的认识符合法律所规定或认可的事实，是在具体案件中达到法律标准的真实。③ 无论学者们对法律真实与客观真实争论得如何激烈，都说明查明案件事实对司法裁判者作出最终的裁判具有重要的意义。而司法裁判者所做的所有工作及所有程序的设计，无不为这一目的而服务。

对犯罪嫌疑人、被告人的逮捕，可以防止案件真相被破坏。这一点几乎得到了各国法律的明确支持。还有一点，虽然不便于公开表示，却是我们必须承认的事实，逮捕使获取犯罪嫌疑人口供变得更简单。在实践中，对犯罪嫌疑人采取羁押措施可以促使其供述所犯罪行。一些办案技巧方面的书籍也进行过相关论述。"通过对审讯犯罪嫌疑人的场地进行有效的布置，通过封闭的空间，强烈的灯光等因素可以逐渐的增加疑犯的心理压力，使其产生恐惧、压抑等心理，并利用已给疑犯造成的这种心理压力来突破疑犯的心理防线，从而达到获取口供的目的。""犯罪嫌疑人刚被羁押的时候大多数都会产生不适的心理状态。他们时刻担心自己可能面临的惩处，整日提心吊胆，恐惧、害怕。如果在这时对疑犯进行威慑，势必使他们从心理上放弃抵抗。"④ 但将犯罪嫌疑人的供述作为查清案件事实的手段的做法很明显地违反了无罪推定的基本原则。因此，在

① ［英］丹宁：《法律的正当程序》，李克强等译，法律出版社 1999 年版，第 65 页。

② ［德］拉德布鲁赫：《法学导论》，米健等译，中国大百科全书出版社 1997 年版，第 126—127 页。

③ 何家弘：《论司法证明的目的和标准》，《法学研究》2001 年第 6 期，第 10 页。

④ 彭长顺：《百案奇谋——贪污贿赂犯罪侦查谋略》，中国检察出版社 2002 年版，第 16—17 页。

大多数国家的法律条文中很难看到此类表述。但是，这并不代表逮捕不具备此种功能。在德国司法实践中，"嫌疑人如果不如实供述，很可能就会被采取审前羁押，这表明嫌疑人是受到一定程度上的威胁的"。并且，"联邦上诉法院已经将刑事诉讼法第 128 条（被逮捕人应当不迟延地，至迟在逮捕后第二天被带到法官面前）解释为，允许警察充分利用法律赋予其对嫌疑人羁押的最长期限来获取嫌疑人的有罪供述"。① 在英国，"实践中，被采取羁押措施的嫌疑人主动认罪的可能性更大，并且他们有很大的可能会被判处监禁刑。甚至有证据表明关押候审被用作为了获取疑犯有罪供述而与其讨价还价的工具。"② 在我国，逮捕成为获取证据的重要手段。立法虽未确规定该项目的，但实务当中大多数情况下嫌疑人、被告人的口供均是在被采取强制措施后获得，侦查人员、公诉人的工作就是通过多次讯问嫌疑人以获取对定案具有重要作用的口供。而其他证据，一般是通过犯罪嫌疑人口供获取或对犯罪嫌疑人口供的补强。口供具有如此重大的作用，为获取有效口供，发现案件事实真相而将犯罪嫌疑人逮捕，或者以逮捕羁押作为震慑手段，获取犯罪嫌疑人的有效口供，似乎成为刑事诉讼中的一种潜规则。

（二）无罪推定

无罪推定是指在刑事诉讼中，任何人在未经司法程序最终被判决为有罪之前，都应该被推定为无罪。自贝卡利亚提出"在法官判决之前，一个人是不能被称为罪犯的"观点之后，无罪推定思想逐步深入人心，被世人所接受。首次将无罪推定原则以法律形式确定下来的是 1789 年法国的《人权宣言》，随后很多国家及区域性、世界性法律文件也先后确定了无罪推定原则。建立在个人权利优位理念基础之上的无罪推定，强调对刑事诉讼中国家权力的行使进行约

---

① ［德］托马斯·魏根特：《德国刑事诉讼程序》，岳礼玲等译，中国政法大学出版社 2004 年版，第 95—98 页。

② ［英］麦高伟等：《英国刑事司法程序》，姚永吉等译，法律出版社 2003 年版，第 104—105 页。

束，它要求无论是采取何种侦查措施（如盘查、搜查、拘留、逮捕、监听等），只要涉及对公民权利的明显干预，政府就应当对其正当性予以证明。① 已经成为刑事司法国际标准的无罪推定原则，是一种普适性、公理性的原则。它强化了刑事诉讼中，对犯罪嫌疑人、被告人权利的保护，体现了诉讼的文明和民主。

从认识论角度看，无罪推定符合人类的认知规律。人对事物的认识，是一个从无知到有知，从简单到复杂的过程。在命题没有被证实之前，不能认为命题就已经成立。无罪推定正是这样一种由原因演绎结果、由证据推导结论的认识过程。相反，有罪推定则是一种先有结论，再行论证的倒果为因的做法，因而很容易出错。从价值论角度看，无罪推定原则有利于保护公民的合法权利。刑事诉讼对于法治国家的守法公民来说实际上是一项沉重的负担，公民在涉诉期间将丧失相关生活权益。无罪推定原则的基本价值取向在于保护嫌疑人、被告人在诉讼中的合法权益，保障其在诉讼构造中的诉讼主体地位，使其能运用各种诉讼权利与拥有强大追诉能力的国家追诉机关相抗衡，并借以自保。②

无罪推定原则对于逮捕制度具有逻辑上的摧毁力。我国学者认为："尽管从法律功能上看，未决羁押与监禁刑不可同日而语，但从对人身自由的限制程度来看，两者却并无实质上的区别。"③ 法国学者卡斯东·斯特法尼也认为："先行拘押属于监狱惩罚性质的制度。"④ 而刑罚应该是在定罪量刑之后，即刑事责任确定之后才可以适用，因为"刑法不仅要面对犯罪人保护国家，也要面对国家保护犯罪人，不单面对犯罪人，也要面对检察官保护市民，成为公

---

① 陈光中、陈泽宪、柯恩：《比较与借鉴：从各国经验看中国刑事诉讼法改革路径——比较刑事诉讼国际研讨会论文集》，中国政法大学出版社 2007 年版，第 459 页。

② 谢佑平：《刑事司法程序的一般理论》，复旦大学出版社 2003 年版，第 117 页。

③ 陈瑞华：《问题与主义之间》，中国人民大学出版社 2005 年版，第 195 页。

④ ［法］卡斯东·斯特法尼等：《法国刑事诉讼（下）》，罗结珍译，中国政法大学出版社 1999 年版，第 633 页。

民反对司法专横和错误的大宪章。"① 逮捕正是在犯罪嫌疑人没有被证实为有罪之前，对其实施了类似于刑罚的措施，明显不符合无罪推定的精神。而且逮捕的实质要件之一，就是对构成犯罪，是针对犯罪嫌疑人的一项强制措施。"对于个人自由来说，先行拘押是一项极为严重的措施，并且看起来是一项有悖于无罪推定的措施，因为当事人是在尚未受到判决的情况下，即受到了相当于重刑的处分。"② 随着无罪推定思想的广泛传播和深入人心，人们越来越质疑未决羁押的合法性问题。林钰雄教授认为："羁押与无罪推定原则之间，具有高度的紧张关系，立法层次或司法实务如果滥用羁押手段，等于是对无罪推定原则的颠覆。"③

（三）两者在逮捕制度中的平衡

无疑，探究案件事实真相是刑事诉讼的目的之一，是司法裁断的重要基础。但是，探究案件事实真相，需要有正当的方式方法，不可以不择手段，不能违背法治原则。探究真相有各种方式和方法，但在诉讼过程中，必须符合法定的程序和要求。逮捕是在法官判决之前，就限制了犯罪嫌疑人的人身自由。在当今社会，无罪推定原则已经被各国所采纳，该原则被记入到各国法律以及大量的国际法文件中，已经被作为了国际刑事司法的准则。即便如此，逮捕制度仍然存在于各国的刑事司法实践中。查明事实真相是刑事诉讼的目的，按照无罪推定原则，犯罪嫌疑人、被告人在被法院依法定程序作出有罪裁判之前，始终处于法律上无罪的地位，这一推定，必须在犯罪嫌疑人被确凿充分的证据证明其确实犯罪后才能被推翻。因此，犯罪嫌疑人在刑事诉讼程序中就应当被赋予与国家公权力机构进行对抗的权利。逮捕犯罪嫌疑人的目的就与犯罪嫌疑人最

---

① ［德］拉德布鲁赫：《法学导论》，米健等译，中国大百科全书出版社 1997 年版，第 96 页。

② ［法］卡斯东·斯特法尼等：《法国刑事诉讼（下）》，罗结珍译，中国政法大学出版社 1999 年版，第 603 页。

③ 林钰雄：《刑事诉讼法（上）》，中国人民大学出版社 2005 年版，第 264 页。

终被判处刑罚无关。所以，逮捕措施的适用绝对不能仅仅因为嫌疑人、被告人涉嫌重大犯罪甚至涉嫌犯罪就对其采取逮捕措施，而必须还有程序保障方面的理由。如果合理适用非羁押性强制措施，同样可以达到保障诉讼的目的。而且不当的、大比例的适用逮捕强制措施，在侵犯了公民人身自由权利、剥夺了犯罪嫌疑人、被告人平等参与诉讼的权利的同时，造成监管场所、监管人员及冤假错案的增多，是对司法资源的一种浪费，对司法公信力的挑战。因此，必须严格控制逮捕的适用比例。同时，对于被逮捕的犯罪嫌疑人，除必要的限制人身自由外，不能视为罪犯对待，这也是无罪推定原则的应有之意。

第二节　逮捕的理由

一般来讲，适用逮捕措施的主要目的是程序性的，而非实体性的，尤其不能成为一种积极的惩罚措施。也就是说，无论在什么情况下，逮捕和捕后羁押不应该具备惩罚的特征，不能被作为一种另类的惩罚手段。因为在犯罪嫌疑人最终判决有罪之前，其都仅是具有犯罪嫌疑，无论这种嫌疑是针对轻罪或者是重罪，因此对其采取逮捕的时候应当有充分的理由，以保障其权益不被侵害。在西方国家，适用未决羁押的前提条件是严重犯罪，其次还附有两个特殊的理由，一是为提供程序上的保障所必要，二是为防止发生新的危害社会行为所必需。① 我国法律虽然未有明确表述，但根据法律规定的几种适用情况，亦可以归纳为上述两种原因。

一　提供程序保障

一般情况下，适用逮捕应当具有程序保障的目的，这也是逮捕的最根本的一点理由。这种目的在三个方面能够得到体现：一是确保犯罪嫌疑人、被告人按时出庭或接受调查；二是保障侦查机关开

---

① 陈瑞华：《未决羁押制度的理论反思》，北京大学出版社 2004 年版，第 9 页。

展工作，有效地履行其职能；三是保证判决后的执行。为确保上述内容的完成，西方各国制定了严格的法律以规范未决羁押的使用。

在德国，一般来说，法官通过审查警察、检察官提供的能证明犯罪嫌疑人有重大作案嫌疑的证据来决定是否对犯罪嫌疑人实施羁押措施。除此以外，法官对可能具有潜逃、毁损、灭失证据、干扰证人等妨碍司法公正行为的犯罪嫌疑人，出于保障法定程序，保证被告人及时出庭的需要，也会决定对犯罪嫌疑人、被告人采取羁押措施。需要注意的是，德国法还规定了一种特别的羁押理由：嫌疑人如果涉嫌所犯之罪为谋杀、过失致人死亡、种族灭绝、严重伤害、严重纵火或者核爆炸等重大犯罪，则就足以构成羁押理由。对于这一理由，德国曾发生过激烈的争论。有些人士将此规定与纳粹时期的司法专横相提并论，认为它违反了基本法中的法治国原则。后来，德国宪法法院对这一羁押理由作了合乎宪法的解释：被告人确有实施上述行为的急迫嫌疑的，只有在其有逃跑或使侦查工作难以进行之危险时，才能被视为具备了羁押理由。但在认定这些羁押理由是否成立时，并不需要像前面所需要的那么严格的要求，而这只需具备稍微轻度的逃跑或使侦查工作难以进行之危险即可。①

在英国，在对犯罪嫌疑人起诉之前，如果确需对被逮捕的犯罪嫌疑人的羁押期限进行延长，则治安法官需要考虑诸多的因素，如犯罪嫌疑人所涉嫌罪行可能被判处的刑期、是否由于警察原因使得羁押期限不足够，是否有确需延长的必要等。而在诉后，治安法官则通常通过判断延长羁押期限是否有利于保障法定程序。通常，治安法官如果有充分的理由认为如果被告人获得保释则会对证人、证据等产生不利影响，或者认为如果被告人获得保释则会对其自身安全产生不利影响，再或者被告人已经申请过保释时，在保释期间又犯罪或者曾经违反保释的规定，治安法官将会决定不允许被告人被保释。

---

① ［德］Claus Roxin：《德国刑事诉讼法》，吴丽琪译，法律出版社 2003 年版，第325 页。

其他西方国家的法律也将程序保障视为捕后羁押的主要理由。其中包括确保证据不被灭失、确保证人、被害人不被侵害、确保犯罪嫌疑人及时到庭、犯罪嫌疑人没有固定居所、犯罪嫌疑人有逃亡可能等。

在我国，逮捕的理由中，在可能判处徒刑以上刑罚的前提下，其他情况均表述为具有社会危险性，不够严谨科学。在我国逮捕的理由之中，对于具有毁灭、伪造证据，干扰证人作证，自杀或者逃跑、对诉讼参与人及被害人打击报复的可能性的犯罪嫌疑人，应当实施逮捕，这是出于保障诉讼的目的。同时，我国有类似德国的规定，对于可能判处十年以上徒刑的重罪及有前科、不讲真实姓名的可能判处徒刑以上刑罚的犯罪嫌疑人，应当适用逮捕。而对于有违反取保候审、监视居住行为的，必要情况下，适用逮捕。这些亦是出于保障诉讼的目的。

二 预防社会危险行为

在犯罪嫌疑和程序保障目的之外，西方国家未决羁押的适用还有一个理由，就是预防社会危险性。这是对犯罪嫌疑人、被告人再犯罪的预防，通过对其人身自由的限制，预防其再犯罪。这一理由引发了西方法律学术界和司法实务界的激烈争论，支持的观点认为是维护公共利益、防卫社会、保障公共安全、对犯罪嫌疑人、被告人自身的保护；反对的观点认为剥夺没有被证明有罪的犯罪嫌疑人的人身自由，是预期惩罚，违反了法治原则。在这样的争论下，"再犯之虞"的理由仍旧存在于各国法律中，但是一些国家通过立法或者判例，对此类理由进行了一定的限制，以降低这一理由的适用比例。

在德国，对于特定犯罪，可能成为惯犯或者连续犯，是羁押犯罪嫌疑人的理由。这类特定犯罪由性犯罪扩展到一系列特定犯罪之中，如许多性犯罪、严重伤害、抢劫、勒索、严重盗窃、欺诈、纵火以及一些毒品犯罪。在适用的特定犯罪上，呈现扩大的趋势。在2000年，在前西德各州，有1071人被采取了预防性审前羁押措施。① 不过，德国联邦宪法法院对这类羁押理由提出了限制要求，主要包括：一是被告人有急迫的嫌疑实施特定重大的性犯罪，并存在特定事实足以认定他在判决产生之前，有再犯此类犯罪的危险，从而有必要对其加以羁押以防止该危险之发生；二是被告人有急迫的嫌疑再犯或者连续犯某一法定的侵害法秩序的犯罪行为的；三是以有"再犯之虞"作为羁押理由，必须是辅助性的。② 在法国，1970 年改革后，因预防犯罪而实施的未决羁押已经成为一种例外。③但是在意大利，预防犯罪的理由与保障侦查活动的进行和防止嫌疑人逃跑并列，具有同等地位，没有附加限制条件，只要有理由认为犯罪嫌疑人、被告人可能实施其他严重犯罪、有组织犯罪或者实施与被追究的犯罪相同的犯罪的，就可以对犯罪嫌疑人进行羁押。

在英美，法官在适用羁押时也会考虑犯罪嫌疑人是否有可能再犯新罪，是否具有社会危险性等。在美国，联邦法院和大多数州法院均会拒绝对具有"高度危险性"的被告人的保释，而采取继续羁押的措施。所谓的"高度危险"，就是指犯罪嫌疑人再犯罪的可能性。

在我国，法律承认犯罪预防为逮捕的理由，并明确规定了预防社会危险性的两类理由，一是可能实施新的犯罪，二是有危害国家安全、公共安全和社会秩序的现实危险。

可见，犯罪预防的理由虽然颇受争议，但仍普遍存在于世界各国法律规定中，说明其存在具有一定的合理性，只是很多国家通过在司法实务中限制适用的方式来调整这一矛盾。

---

① ［德］托马斯·魏根特：《德国刑事诉讼程序》，岳礼玲、温小洁译，中国政法大学出版社 2004 年版，第 99 页。

② ［德］Claus Roxin：《德国刑事诉讼法》，吴丽琪译，法律出版社 2003 年版，第 325 页。

③ ［法］卡斯东·斯特法尼等：《法国刑事诉讼（下）》，罗结珍译，中国政法大学出版社 1999 年版，第 604—606 页。

第三节 逮捕的适用原则

一 羁押法定原则

适用逮捕必须要有确定性，以便于社会公众对结果的预测。确定性具体包含三方面的内容：可预期性、可执行性、终结性。确定性要求遵循羁押法定原则，提高逮捕法治化程度，增强逮捕的正当性，防止国家司法权力的滥用。羁押法定原则体现在逮捕制度之中，主要包括四个方面的内容：

首先，适用的要件法定。逮捕适用的实体要件包括逮捕的理由上确立以保障诉讼为主，预防犯罪为辅的司法理念，否定预先惩罚的思想。具体体现在逮捕的涉罪要件、量刑要件及必要性要件均要有明确规定，法律未规定的情况视为不适用逮捕，证明责任和证明标准也要有清晰的表述。各国法律一般采用两种方式：一种是通过根据可能判处刑罚的严重程度进行分类，如我国规定可能判处十年以上有期徒刑刑罚的人应当适用逮捕；另一种是通过列举罪名明确适用逮捕的范围，如德国法中的谋杀、种族灭绝等。罪行和罪责达到一定的程度，是适用逮捕的前提条件，同时还要根据逮捕的必要性要件判断是否适用逮捕。对于各个要件的证明责任和证明标准，要有明确界定，避免裁断者肆意而为，最大限度限制裁断者的自由裁量度。

其次，适用的程序法定。程序法定主要是指国家司法机关的职权及其适用逮捕的程序，有明确的法律规定，明确的法律授权，而且司法机关要严格按照法律规定实施。具体体现在审查逮捕的启动、审查、决定、救济等整个运作程序都有着明确的法律规定。一是审查逮捕的启动和决定权分离，体现权力制约，保障犯罪嫌疑人的权利。二是审查逮捕的程序应搭建成控辩平等的辩论模式，充分发挥律师的作用，而裁断者为消极、中立的第三方。逮捕的程序由于两大法系的差异，而体现出职权主义和控辩平等两种模式。三是对决定结果的救济措施。程序法定是保障公民人身自由宪法原则的根本要求，是现代法治思想的体现。

再次，适用的期限法定。对于逮捕，一是要确定从犯罪嫌疑人被限制人身自由，到申请逮捕的期限。二是要规定司法机关审查决定逮捕的期限。三是要规定犯罪嫌疑人被实施逮捕后的羁押期限，其中包括根据罪行及个案的不同情形适用不同的羁押期限的规定。由于逮捕限制了犯罪嫌疑人的人身自由，故适用的期限就显得尤为重要，必须有明确的法律规定，避免无限度的羁押、随意羁押和超期羁押。各国的逮捕制度中，适用期限以及延长期限的规定都很明确。一般采用两种方式：一种是按照阶段性、比例性的原则对不同阶段、不同情况下的羁押期限作具体规定，如我国法律的相关规定。另一种是规定整个羁押的最长期限，如美国、英国、法国、意大利、日本都有对羁押期限的上限规定，德国一般情况下的羁押期限最长为6个月，预防性羁押为1年。

又次，适用的主体法定。适用的主体法定，主要指批准或决定适用逮捕的机关，由法律明确规定。如西方国家的法律，规定一般由预审法官审查决定适用逮捕。警察和检察官可以在紧急情况下，实施无证逮捕，对于现行犯，普通民众亦有权抓捕、扭送犯罪嫌疑人。而在我国，逮捕的批准（决定）权，属于人民检察院和人民法院。

最后，被逮捕者的权利法定。在强大的国家机器面前，被逮捕者是绝对的弱势群体，与此相对，被逮捕者的权利保障就显得尤为重要。关于权利的概念学术界始终存有不同的观点，为了避免各种没有必要的争执，法律要明确规定出被逮捕者的权利，使被逮捕者的权利由抽象、模糊走向具体、清晰，由道德权利变为法律权利，最终变成被逮捕者所应获得的利益。根据各国的法律规定，被逮捕者的权利主要包括知悉权、人道待遇权、律师帮助权、获得救济权以及控告申诉权等。不仅各国国内法对上述每一种权利有相应的法律明文规定，而且诸如国际法《世界人权宣言》、《欧洲人权公约》、《公民权利和政治权利国际公约》以及《禁止酷刑公约》、《囚犯待遇最低限度标准规则》等国际法，都对被逮捕、羁押者的权利作出了规定。权利的法定化，为权利确认、权利保护、权利救济提供了可操作性标准。

二　比例原则

比例原则的基本内容是指在因为保护国家和社会公共利益而不得不对公民个人权利加以限制或剥夺的情况下，国家权力不可以无限行使，要尽可能选择对公民个人利益损害最小的手段，并且这种限制或剥夺造成公民个人权利的损害要小于其所能保护的国家和社会利益，要求国家行为要达到的目标与对公民权利的影响之间要保持一定的合理的比例关系。比例原则起源于德国，译自德语"der Grundsatz der VerhaeltnismaeSSigkeit"，一般认为广义的比例原则包括三个子原则，即适当性原则（der Grundsatz der Geeignetheit），必要性原则（der Grundsatz derErforderlichkeit）以及狭义比例原则（der Grundsatz derVerhaeltnismaessigkeit im engeren Sinne；Proportionalitaet）。① 由于其他两个原则的基本内涵已经被其余的原则所涵盖，故笔者仅讨论狭义的比例原则。

比例原则指为了保护某种国家和社会公共利益，采取的一种损害公民个人权利的措施，而对公民个人权利的损害与所保护的国家和社会公共利益之间的关系。比例原则的理论渊源可以追溯到亚里士多德的正义观，按照亚里士多德的观点，正义可以分为特殊正义和普遍正义。而特殊正义又可分为分配正义和矫正正义。分配正义指的是社会成员间分配名誉、金钱或其他财产时表现的正义，包含了一种几何比例。矫正正义则指收益与损失之间的平衡值。笔者认为，从这一点上看，比例原则应该有两层含义，第一层含义，是传统的狭义比例原则的含义，也就是矫正正义的含义，在逮捕和未决羁押的过程中，要考虑对公民个人利益的损害和国家、社会公共利益之间的平衡，不能通过损害一个更大的利益而为保护一个相对小

---

① 蔡震荣：《论比例原则与基本人权之保障》，《警政学报》1990 年第 17 期，第 42—43 页。

的利益，因此，公民个人利益的剥夺不能大于国家和社会公共利益的保护，同样，公民个人利益的剥夺亦不能等于国家和社会公共利益的保护，因为在两个利益相等的情况下，天平的一边是公民个人，另一边是国家和社会公众，如果将国家和社会公众的利益均摊到每个个体身上，个人被保护的利益将小于公民被剥夺的利益，因此，一般情况下，公民被剥夺的利益要小于国家和社会公众被保护的利益。第二层含义，近似于分配正义的含义，又不完全相同。这也是一种几何比例的含义，但基数不是名誉、金钱和财产，而是强制措施体系及全社会的犯罪体系。其更接近于帕累托定律，又称"二八定律"，是指在任何一组东西中，最重要的只占其中一小部分，约20%，其余80%的尽管是多数，却是次要的。这一定律现在多用于企业管理，用于对社会财富的衡量。事实上，在社会管理过程中，在法律治理体系下，这一定律同样值得借鉴。也就是主要矛盾和次要矛盾的关系。人的精力是有限的，社会资源、司法资源一样是有限的，监狱、看守所以及司法人员、侦查资源，所有的资源都是有限的，那么，抓住主要矛盾，利用有限的资源，发挥最大的效能，是社会治理过程中需要研究的课题。对逮捕来讲，同样是要将整个犯罪体系中，符合主要矛盾特点的实施逮捕，整个强制措施体系，最主要、最重要、最严厉的措施，要占有一个合理的比例。这个合理的比例可能并不是20%，但重要的总是少数的这一原则不会改变，如何合理分配，却是一个关键的问题。

综上，笔者认为，逮捕和未决羁押应遵循的比例原则，首先，必须根据案件的性质、犯罪的情节、危害的结果及犯罪嫌疑人、被告人的个人情况、保护证据或信息的措施可能带来的价值、对犯罪嫌疑人、被告人可能带来的危害或破坏等作出综合判断，其次，从利益平衡的角度，衡量未决之前犯罪嫌疑人被羁押的期限与必须被羁押的犯罪嫌疑人所涉嫌的罪行可能获得的刑罚之间（以此作为所保护的国家和社会公众利益的参考值）的比例关系，未决羁押的期限要受到严格的限制。当然，这其中还要区分未决羁押的理由，一部分理由并不是仅用犯罪嫌疑人可能获得的刑罚这一个指标即可衡量的。由于这些指标综合因素强，个案的差异大，社会发展情况不同，很难用一个具体的尺度去衡量，亦很难有一个标准的比例去衡量。但是分配理论可以看做是衡量这一问题的大标尺，逮捕和未决羁押本是强制措施体系中最严厉的一部分，占有重要位置，而一旦这类强制措施使用比例偏大，甚至占有80%比例的时候，整个强制措施体系必然出现偏坠的情况，说明这一强制措施的运用已经偏离了航线，分配正义的原则就要发挥舵手的作用，促使强制措施体系能够较好地发挥作用，良性运转。

三 羁押最后原则

羁押最后原则又称羁押例外性原则，顾名思义，是指选择适用强制措施时，应当优先选择适用羁押替代性措施，迫不得已的情况下才适用逮捕。目的是避免滥用逮捕措施，从而使逮捕成为最后适用的、例外状态的原则。羁押最后原则在内容上与行政法中的必要性原则相类似。必要性原则又称温和方式原则或最少侵害原则，是指在可以选择多种手段限制个人利益时，行政机关应当选择对行政相对人利益限制或损害最少的，但同时又是实现公共利益所绝对必要的手段。① 如果说羁押最后原则是行政法中的必要性原则在刑事诉讼领域的运用和转化，那么与必要性原则相比较，羁押最后原则更强调逮捕的最后性、例外性。而且，相对于较为模糊的"必要性"而言，"最后"一词更加清晰明确。

从理论基础的角度，一方面，羁押最后原则符合无罪推定思想。在法院作出有罪判决前，任何人都应当被视为无罪，无罪的人就享有公民应有的权利，其人身自由权不受限制是最基本的一项。羁押最后原则促进无罪推定思想在逮捕制度中最大化体现，使无罪推定原则总体上得到维护。另一方面，羁押最后原则是正当程序理念的体现。正如美国奥尔特教授指出的那样，正当的法律程序的核心是程序的公正性。控辩平等和审判中立是公正程序的要素。如果

① 周佑勇：《行政裁量的均衡原则》，《法学研究》2004年第4期，第53页。

大量适用逮捕，犯罪嫌疑人处于被羁押的状态，其无法通过收集证据为自己减轻罪责，对抗强大的侦控机关的能力微乎其微，控辩平等的诉讼结构必然受到较大的影响。坚持羁押最后原则，就是要最大化维持控辩平等的诉讼结构，尽量实现程序正义。此外，羁押最后原则可以最大化地制约国家权力，维护个人权利，并且因为替代措施较之逮捕，司法机关投入的精力、人力和财力的减少，从而节约诉讼资源，提高诉讼效率。

从国际法及各国法律制度看，羁押最后原则是客观存在的。在德国，法律明确规定，如果采取不那么严厉的措施（逮捕），也足以达到待审羁押的目的，法官应当命令延期执行仅依据逃亡之虞签发的逮捕令。这一条文，暗含了羁押最后原则。在英美，保释是犯罪嫌疑人、被告人的一种权利，不予保释即羁押是例外，这更加体现了羁押最后原则。联合国《公民权利和政治权利国际公约》中明确规定，等候审判的人受监禁不应作为一般规则。我国《刑事诉讼法》第 79 条，适用逮捕的前提条件之一，便是适用取保候审不足以发生社会危险性，也就是说，要优先考虑适用取保候审，最后才考虑适用逮捕。由此可见，羁押最后原则在强制措施的适用方面，是世界各国普遍达成的共识，也在司法实践中得以应用。

第二章　逮捕的实质要件

根据我国法律规定，人民检察院和人民法院均有权批准（决定）逮捕，在审前程序中，批准（决定）逮捕的权力机关为人民检察院，在审判阶段，决定逮捕的权力机关为人民法院。由于人民法院在审判阶段决定逮捕被告人的比例约占公诉案件比例的1%[1]，且多是由于随着诉讼的深入推进，案件事实逐渐明朗，被告人可能被判处有期徒刑10年以上的刑罚、被告人具有可能实施妨碍审判工作正常进行的可能，或者是为确保执行生效的判决，在宣判当天先行决定对被告人实施逮捕等理由，故不是实践中适用逮捕的主要问题所在，亦不列为笔者关注的重点。笔者重点讨论审前程序中由检察机关批准（决定）逮捕的相关问题。

第一节　概述

一　逮捕的性质和特点

我国刑事诉讼中一般语境下的逮捕是个广义的概念，它既包括逮捕行为又包括逮捕后的羁押状态，是西方国家的"逮捕"和"羁押"之和。并且此种羁押状态可能一直保持到案件已经做出裁决，根据裁决结果接续下一环节的刑罚执行。由于新刑事诉讼法明

---

① 孙力、罗鹏飞：《审判阶段羁押必要性的继续审查》，《国家检察官学院学报》2011年第6期，第50页。

确了羁押必要性的审查制度，检察机关也开始了羁押必要性的审查实践①，我们有理由相信我国刑事诉讼中逮捕制度和未决羁押制度正在走向分离之路。所以，本章节中所指的我国逮捕的实质要件，仅指对批准和决定逮捕环节的必要性审查，是狭义的逮捕概念，不包含逮捕后的羁押状态。

从性质角度出发，逮捕是通过国家权力和法律程序来剥夺犯罪嫌疑人、被告人的人身自由，以使犯罪嫌疑人、被告人处于被羁押的状态，其根本目的是保障诉讼的顺利进行。逮捕具有以下三个特点：

1. 具有强制性

作为刑事强制措施，逮捕与取保候审、监视居住一样，都具有很大的强制性。这种强制，是指借助法律的力量，使他人不得不服从。与其他强制措施相比，逮捕的强制性最为突出。因为，犯罪嫌疑人被逮捕，便失去人身自由，在执行逮捕的过程中，亦难免会借助外在强制力量，如使用戒具制服抵抗，这种对罪犯身体的威慑性是取保候审、监视居住等措施所无法比拟的；适用逮捕的直接后果是被羁押，被逮捕者随即失去人身自由，而且被羁押者也只能服从这种限制和剥夺。因此，从一定程度上可以把逮捕看作是"以暴制暴"，是制止那些严重破坏他人的人身、财产权利及社会秩序的极端行为的最得力措施。但这种"暴力"并不是天然正义之举，如若不是从保护公民权利和国家根本利益出发，不完全体现"程序正义"，就容易从正义的暴力演化为反动的暴力，从而失去法治文明的根基。

2. 具有终局结果的不确定性

根据无罪推定原则，未经法院判决，任何人不得被认为有罪。逮捕的目的是为保障诉讼的顺利进行，并不应具有惩罚犯罪的功能。何况在侦查阶段，证据并不完善，犯罪嫌疑人是否构罪、此罪

---

① 黄洁：《北京检察机关首次启动羁押必要性审查》［EB/OL］．［2013 − 1 − 15］，http：// www. spp. gov. cn/ dfjcdt/ 201301/t20130105_ 52408. shtml.

还是彼罪、应受到何种刑罚处罚，都具有一定的不确定性，犯罪嫌疑人仅存有构成某种犯罪或被判处刑罚的一定可能性，他们最终能否被定罪，要通过审判裁决。在法官对被告人宣告有罪之前，任何人包括已经处于审判阶段的被告人都应当被看作无罪的。每个国家对逮捕的严格控制却是以无罪推定原则为基本出发点，以便无罪的人或者罪行轻的犯罪嫌疑人不必承受逮捕和未决羁押带来的痛苦。

3. 具有例外性

逮捕是牺牲了个人的自由权利，维护社会的公共秩序，而这个"个人"是尚未确定有罪的人，这样就使得逮捕既可以成为保护大多数人民群众安全、生存权、人身自由、财产权的手段，与此同时也极有可能变成侵犯人权的帮凶。所以，禁止滥用逮捕以及控制适用逮捕，以减少逮捕给人权带来的危险性，是非常必要的。鉴于逮捕自身所具有的负面效应，因错误适用而带来的法律后果往往是无法弥补的，因而逮捕的适用就要始终强调最后性或称例外性。在确保诉讼顺利进行的各种强制手段中，逮捕并非是最佳的选择，而应当将其保留为最后的选择，绝不是随意适用的盲目选择。

从逮捕的相关规定看，逮捕的适用可以分为几种不同的情况，一是根据《刑事诉讼法》第 79 条第 1 款的相关规定，可能判处有期徒刑以上刑罚，采取取保候审不足以防止社会危险性的，应当适用逮捕，这是对逮捕的基本的规定，亦是适用最多的情形，暂且称其为"基本逮捕"。二是根据《刑事诉讼法》第 79 条第 2 款，有证据证明有犯罪事实，可能判处有期徒刑 10 年以上的刑罚，以及依据《刑事诉讼规则》第 142 条第 2 款的规定，对于可能判处徒刑以上刑罚、曾经故意犯罪或者不讲真实姓名、住址，身份不明的，应当适用逮捕，这是直接针对犯罪嫌疑人的罪行、主观态度，推定出其具有较大的社会危险性，进而具有逮捕必要性，故选择适用逮捕，不必考虑其他因素，以提高诉讼效率，节约诉讼成本，暂称其为"修正逮捕"。三是依据《刑事诉讼法》第 79 条第 3 款，对违反取保候审、监视居住的犯罪嫌疑人实施的逮捕，因此种情况下，原本不符合逮捕条件的犯罪嫌疑人，因为在被采取其他强制措施时，违反了相关规定，则可视为其具有妨碍诉讼顺利进行的可能性，对其变更为逮捕的强制措施，故暂且称为"变更逮捕"。此种情况下，犯罪嫌疑人逮捕的必要性由其违反相关强制措施的规定的行为佐证。从三种情形看，基本逮捕相对于变更逮捕和修正逮捕，更加强调考察实质要件，尤其是对逮捕必要性条件的审查和证明，相对繁复。而逮捕的其他要件，三种情形具有共通性，故本章选取基本逮捕为模型进行论述。

二 逮捕三要件

逮捕虽然是一项强制措施，且多用于侦查阶段，但逮捕的适用使犯罪嫌疑人失去了人身自由，其直接后果与有期徒刑的刑罚并无实质差异。故在选择适用逮捕之际，必须严格审查其实质要件。

从基本逮捕条件的设定上看，逮捕的要件有三个：一是证据条件，"有证据证明有犯罪事实"；二是量刑条件，"可能判处徒刑以上刑罚"；三是逮捕必要性条件即社会危险性条件，包括初犯、偶犯、从犯、胁从犯、中止犯、预备犯、防卫过当、紧急避险、犯罪后有悔罪表现、自首、立功及具有帮教条件的未成年人等主观恶性相对较小的情况，亦包括可能继续犯罪的、可能破坏、毁灭证据的妨碍诉讼顺利进行的情况的审查。新刑事诉讼法以及《人民检察院刑事诉讼规则》和《最高人民法院关于适用〈中华人民共和国刑事诉讼法〉的解释》，对逮捕制度进行了完善，完善的重点主要是细化相关规定，使法律规定的可操作性增强。是否适用逮捕，这三方面的因素缺一不可。

（一）证据条件

证据条件是逮捕三个条件中的基础条件，是前提条件，是逮捕的充分但非必要条件，即有证据证明有犯罪事实未必一定逮捕，但逮捕一定是有证据证明有犯罪事实。实际上，该条件的重点在于犯罪事实，属于对"是否构罪"的审查，但是未经法院判决，任何人不得被认为有罪，故此时的构罪，只是涉嫌犯罪，并不能完全认定为犯罪。所谓"有证据证明有犯罪事实",首先,是指有证据证明发生了犯罪事实,如发现了一具尸体,经鉴定为他杀,这一证据便可证明存在犯罪事实;其次,有证据证明该犯罪事实是犯罪嫌疑人实施的,如因失血性休克而死亡的被害人身中数刀,而有证据证明其中1刀或数刀为犯罪嫌疑人所刺,则能够证明犯罪嫌疑人的行为与被害人的死亡具有因果关系;最后,证明犯罪嫌疑人实施犯罪行为的证据已有查证属实的,这是一个证明结果的表述,是法律对证据条件证明标准的表述。只有同时满足上述三个条件的情况下,才符合逮捕的证据条件。

（二）量刑条件

如果说证据条件是逮捕条件中质的条件,那么量刑条件就是逮捕条件中量的条件,是比例原则的直接体现。犯罪嫌疑人罪行的严重程度,将直接通过其可能面临的惩罚体现出来,从科学分配诉讼资源,提高效能的角度,要重点关注社会危害性达到一定程度的行为。而刑罚的严厉程度,又是犯罪嫌疑人逃避刑罚惩罚的可能性的参考因素之一。人有趋利避害的特点,面临可能被判处死刑结果的犯罪嫌疑人和面临可能被判处缓刑的犯罪嫌疑人的心理状态又有不同,希望逃避制裁及可能为之付出的成本,包括但不限于违法的成本亦不相同。因此,法律规定可能判处有期徒刑以下刑罚的犯罪嫌疑人,可以不必适用逮捕。笔者甚至认为,即便可能判处有期徒刑以上刑罚,但可能适用缓刑的犯罪嫌疑人也可以不必适用逮捕。司法实践中,存在本应被判处缓刑或较轻刑罚的,却因考虑到宣判前已经羁押的期限和情况,判处与已经羁押期限相当的刑罚的潜规则。从这一角度,笔者建议,在设置逮捕的量刑条件时,可以考虑适当提高量刑的门槛,将其设定为可能判处有期徒刑三年以上刑罚的犯罪嫌疑人,同时,增大犯罪嫌疑人逃避诉讼、逃避制裁的违法成本,增设相关罪名,严厉惩处此类行为,使犯罪嫌疑人宁愿被动接受处罚,也不敢主动逃避制裁。

（三）必要性条件

逮捕的另一个条件，是社会危险性条件，又称为逮捕的必要性条件。逮捕必要性的含义包含：实施逮捕的目的是确保犯罪嫌疑人、被告人在法庭审理过程中及时到庭，从而保全犯罪嫌疑人人身权利及相关证据，逮捕必须贯彻比例原则，绝对不能成为普遍适用的手段，一定要把逮捕控制在必要范围以内的最低限度。

逮捕必要性问题是近年来司法改革的重点内容之一，相关刑事司法政策表述为"可捕可不捕的不捕"。虽然"可捕可不捕"的表述本身有悖论之嫌，理论上不应当存在既可以逮捕又可以不逮捕的情况，但这句话可以理解为对逮捕必要性审查的实务指导，是对司法实践中存在的"构罪即捕"的思想及逮捕率过高现状的矫正。与此同时，因无逮捕必要不批准（决定）逮捕的比例亦逐年上升，约达到不捕案件的45%。

从证据保全和预防再犯罪的角度，避免社会危险性，保障诉讼的顺利进行。我国刑事诉讼规则从应当逮捕和可以不逮捕两个角度，对社会危险性条件即逮捕必要性条件进行了规定。对于可能实施再犯罪的，可能逃跑、可能干扰证人作证、毁灭证据的犯罪嫌疑人，给予逮捕；而对于初犯、偶犯、从犯、胁从犯、中止犯、预备犯、防卫过当、紧急避险、犯罪后有悔罪表现、自首、立功及具有帮教条件的未成年人，可以不实施逮捕。

如前所述，在侦查机构提出逮捕犯罪嫌疑人的要求时，必须提供相关的证据证明逮捕的必要性。犯罪嫌疑人具有逮捕必要性，主要是指犯罪嫌疑人具有社会危险性，具体指犯罪嫌疑人妨碍诉讼顺利进行的危险性和可能继续危害社会的危险性。法律共规定了五种视为有社会危险性的情形。

（1）可能实施新的犯罪

犯罪嫌疑人犯罪后，是否还会实施新的犯罪，这只是一种可能性，这种可能性是以行为人的犯罪倾向性的人格为基础的，是行为人犯罪倾向性的人格事实与否定规范评价的统一。在犯罪学领域，有一种观点认为有的人是天生的罪犯，也曾有科学研究认为天生的罪犯的大脑中某处有一条与常人不同的沟壑。但是，这些都不能成为司法实践中的定案依据，在审查犯罪嫌疑人是否可能实施新的犯罪时，有两种情况，一种是有证据线索，证明犯罪嫌疑人可能实施新的犯罪，一种是没有证据线索，通过犯罪嫌疑人既往的表现推定出的结论。有证据线索证明犯罪嫌疑人可能实施新的犯罪的情况，包括：抓捕犯罪嫌疑人时犯罪嫌疑人已经开始策划或者已经做了实施新的犯罪的预备，包括选取作案对象、研究犯罪线路、准备犯罪工作等；对于没有证据线索的，要根据犯罪嫌疑人既往的表现，如犯罪嫌疑人是累犯、惯犯，或者有前科劣迹，则说明犯罪嫌疑人的主观恶性较大，实施新的犯罪的可能性增大。此外，根据犯罪嫌疑人犯罪前的表现，是否性格偏激、是否有仇恨社会的心理、犯罪时的手段，一般而言，犯罪动机恶劣、犯罪手段残忍、犯罪后果严重、性格偏激、心理失衡、犯罪后没有悔罪表现的犯罪嫌疑人，可能实施新的犯罪的可能性较大。从另一个侧面看，如果犯罪嫌疑人所犯罪系因防卫过当或者紧急避险，或者是过失犯罪、主观上没有犯罪的故意，或者在共同犯罪中是从犯或胁从犯，或者主动中止犯罪，以及在犯罪后有悔罪表现，积极赔偿损失，与被害人达成谅解协议的，或者有自首、立功表现的，犯罪嫌疑人是70岁以上的老人或者未成年人，可以推定为犯罪嫌疑人主观恶性不大，可能不会实施新的犯罪。

由此可见，对于可能实施新的犯罪，有两种证明方式，一是直接证明，即通过已经收集到的犯罪预备证据证明，二是间接证明，通过证明犯罪嫌疑人系惯犯、流窜犯和累犯，来推定其具有实施新犯罪的可能性。从证明责任主体的角度，无论是直接证明还是间接证明，由于其均需提供相应的证据，而这些证据属于证明犯罪嫌疑人有罪的证据，举证责任均由侦查机构承担。

（2）有危害国家安全、公共安全或者社会秩序的现实危险

犯罪嫌疑人具有危害国家安全、公共安全或者社会秩序的现实危险，则视为犯罪嫌疑人具有逮捕必要性。这一情况，是五种具有

社会危险性条件中，唯一没有表述为"可能"的情形。也就是说，这种危险性是有确凿的证据能够证明的，是现实存在的，而非一种可能性。仔细分析法条中罗列的情况，被侵害的客体有三个：国家安全、公共安全和社会秩序。对照刑法的相关规定，可以对应四章，分别是第一章危害国家安全罪、第二章危害公共安全罪、第三章破坏社会主义市场经济秩序罪和第六章妨害社会管理秩序罪。同前一种情形比较，此情况要求有现实危险性，即不能依赖犯罪嫌疑人未表现出的，或者说既往的情况进行推断。第一种情况虽为可能性，但行为性质为犯罪，即可能实施的行为较为恶劣。而本款规定的，只是一种行为危险性，未必构成犯罪，是因为根据其可能侵害的客体，判断该行为相对能够形成较为严重的后果，故如此规定。现实危险性要求有一定证据或者迹象表明犯罪嫌疑人在案发前或者被抓捕前正在积极策划、组织或者预备实施危害国家安全、公共安全或者社会秩序的行为。《人民检察院刑事诉讼规则》（草案）将本款概括为行为人在案发前或者被案发后实施的具有危害前述三种客体的犯罪行为，笔者认为不妥。如果是犯罪行为，则和第一种情形并无差异，而且从本款规定的客体，可以推断其行为性质相对恶劣，如果针对较为恶劣的犯罪行为，要求有现实危险，而对一般的犯罪行为，仅规定一种"可能性"，无法理解立法意图。而且，如果本款规定的是一种犯罪行为，则本款的内容又被第一种情形涵盖，不具有单独列举的意义。

（3）可能毁灭、伪造证据，干扰证人作证或者串供

可能毁灭、伪造证据，干扰证人作证或者串供，是具有逮捕必要性的第三种情况。由于趋利避害是人的一种本能反应，所以为逃避法律的制裁，可能几乎所有的犯罪嫌疑人均具有毁灭、伪造证据，甚至干扰证人作证及串供的想法，如果按照可能性去评估，大概几乎所有的犯罪嫌疑人均具有这种可能性，如此含糊的表述，必然造成实施逮捕的随意性。因此，笔者认为，此可能性应包含两层含义，一是犯罪嫌疑人本身存在这样的意识，但是我国并不惩罚思想犯，故此种想法必须要从实际行为中表现出来，即犯罪嫌疑人在

归案前已经着手实施或者归案后企图实施毁灭、伪造证据，干扰证人作证或者串供的行为；二是具有毁灭、伪造证据，干扰证人作证或者串供的现实可操作性，如果主要证据均已采取，或者犯罪嫌疑人虽然跃跃欲试，但其行为根本不可能影响到案件据以定罪量刑的证据，则不属于具有可能性的情况。

（4）可能对被害人、举报人、控告人实施打击报复

为防止犯罪嫌疑人对被害人、举报人、控告人实施打击报复，法律规定其为逮捕的必要性条件之一，即打击报复被害人、举报人和控告人可能性的，视为具有逮捕的必要性。笔者认为此款规定的出发点有两个方面，一是为避免犯罪嫌疑人打击报复被害人、举报人和控告人，影响案件证据的收集，影响诉讼的顺利进行；二是建立在一种良好的愿望之上，即通过羁押，通过改造或者说通过时间的流逝，能够让犯罪嫌疑人放弃或改变打击报复被害人、举报人和控告人的想法。与前种情况不同，未必所有的犯罪嫌疑人均有报复心理，因为犯罪行为毕竟是犯罪嫌疑人自身所为，被害人已经受到了人身或财产权利的损害，犯罪嫌疑人一般情况下，不会对被害人产生报复心理。即便存在举报人和控告人，犯罪嫌疑人亦未必均有对其的报复心理。故此款规定可能性，更多的从犯罪嫌疑人的实际行动中体现出来，需要有证据能够证明犯罪嫌疑人在案发后有打击报复的行为，至少处于预备的状态。

（5）可能自杀或者逃跑

如果犯罪嫌疑人可能自杀或者逃跑，视为具有逮捕的必要性，要对犯罪嫌疑人实施逮捕。如果犯罪嫌疑人在案发后逃跑，躲避侦查，则说明犯罪嫌疑人有逃跑的可能性。但不能因犯罪嫌疑人未投案自首，便视为其有逃跑的可能。犯罪嫌疑人是否有自杀的可能，一是看有无证据证明，二是考虑其罪行的严重程度，罪行严重的、犯罪嫌疑人原来具有一定社会地位的人，自杀的可能性相对大一些。但是，犯罪嫌疑人是否具有自杀或者逃跑的可能，需要提供证据证明。并且该项证据应为直接证据。如果犯罪嫌疑人有违反取保候审和监视居住的记录的，要重点审查其违反的原因及是否具有社

会危险性。

从逮捕的三个条件看，三个条件是循序渐进的，首先审查是否涉罪，逮捕终究是对犯罪嫌疑人实施的一项强制措施，所以首先要确定主体的犯罪嫌疑人身份。其次审查量刑条件，依据比例性原则，只有行为侵害达到一定程度，才可以适用逮捕，也就是现行法律规定的可能判处有期徒刑以上刑罚的犯罪嫌疑人。最后是逮捕必要性条件，审查采取取保候审等其他强制措施是不是可以防止社会危险性，是否应该适用逮捕，是使逮捕从实体功能回归到程序功能，真正发挥其保障诉讼顺利进行的程序功能的关键，即社会危险性条件，也即一般意义上的"逮捕必要性条件"，是笔者着重讨论的问题。然而，笔者认为，现行法律和相关司法解释对于逮捕必要性的规定，尚未让人领会到限制适用逮捕的明确精神。首先，对于视为有逮捕必要性的情况，法律规定为"应当逮捕"，应当逮捕，告诉执法办案人员别无选择，亦无须选择，直接适用逮捕。而对于视为不具有逮捕必要性的情况，刑事诉讼规则规定为"可以不逮捕"，如此，与可以不逮捕相对应的，即可以逮捕，也就是说，在视为无逮捕必要的情形中，还有一部分犯罪嫌疑人可以被实施逮捕；其次，可以不逮捕和应当逮捕的条件设定，并没有涵盖所有满足逮捕证据条件与量刑条件的情况，在可以不逮捕和应当逮捕之间，又存在另外一个区间，而这个区间该如何操作，没有法律或相关司法解释的明确规定。由此，只有结合"可捕可不捕"的刑事司法政策，对逮捕必要性的理解才能更加清晰，即除"应当逮捕"之外的所有其他情形，均属于"可捕可不捕"的范畴，依据刑事司法政策，应不予适用逮捕。而逮捕必要性的审查，则明确审查是否符合"应当逮捕"的情形，符合即批准（决定）逮捕，不符合即不批准（决定）逮捕。

三　审查逮捕的现状

侦查机构提请逮捕时，对逮捕必要性因素考虑较小。公安机关对绝大部分犯罪嫌疑人刑事拘留并提请批准逮捕，尤其是拘捕率

（拘留和逮捕的比率）已经不是公安机关考核的指标，一些地区取消了预审部门之后，在公安机关内部，拘留和报捕由一个部门负责，缺乏内部制约，拘留后一般都会报捕，基本不进行逮捕必要性审查。而检察机关对逮捕的审查也没有完全脱离"构罪即捕"的思想桎梏。具体呈现以下状态：

一是逮捕率居高不下。检察机关审查逮捕部门对逮捕各项条件有所关注，但仍未达到应然的效果。逮捕率虽逐年降低，仍在80%以上高位运行。在 2009 年以前，我国刑事案件逮捕率为 90%以上，自 2009 年以来，随着宽严相济刑事政策、"两减小、两扩大"① 的刑事方针的出台，司法人员的执法理念有所转变，更加理性、平和，逮捕的必要性要素逐渐进入审查视野。尤其是在构建和谐社会的大背景下，为促进案件办理结果的政治效果、法律效果和社会效果的有机统一，检察机关开展检调衔接，对一些轻伤害、邻里纠纷、家庭矛盾等社会危害性不大的案件以及过失犯罪案件，促使被害人方与被告人方达成刑事和解协议的以及未成年犯罪嫌疑人，一般视为无逮捕必要，不批准逮捕。至 2011 年 6 月，不捕率达 13.86%，其中无逮捕必要不批准逮捕率得以提升，占不捕人数的 45.15% 。②

二是捕后判处轻缓刑比例较大。在已经逮捕的案件中，有1.2%的案件捕后做了不起诉处理，有超过 20%的案件起诉后被判处徒刑缓刑以下轻刑。由于缺乏评判和制约机制，逮捕必要性条件在审查逮捕过程中未能得到充分的重视。在审查逮捕阶段，逮捕必要性条件仍未能充分发挥作用，证据条件的审查，仍是逮捕审查的核心和关键。因为如果最终审判机关判决已被逮捕的犯罪嫌疑人无罪，该案件会被界定为错案，需要对被逮捕的犯罪嫌疑人进行国家

---

① 2008 年 12 月 17 日全国政法工作会议上提出：对初犯、偶犯、未成年犯、老年犯中一些罪行轻微的人员，依法减少判刑、扩大非罪处理；非判刑不可的，依法减少监禁刑、扩大适用非监禁刑和缓刑。

② 万春：《当前侦查监督工作若干问题》，《侦查监督指南》，2012 年（创刊号）第 16 页。

赔偿，而批准（决定）逮捕的办案人亦会因办理错案被追究。而是否具有逮捕的必要性，并没有监督和制约的机制，只要犯罪嫌疑人被判有罪，实施逮捕便无过错可言。说到底，还是国家法律制度和法律工作者思维理念问题。

三是逮捕措施存在一定程度上的滥用。如对某省不捕案件的调查发现，自刑法修正案八将危险驾驶入罪，并于 2011 年 5 月 1 日开始实施起，直至 2012 年上半年，危险驾驶罪不捕率为 72.57%，其中，无逮捕必要不捕的为 99.04%。危险驾驶罪，法律规定刑罚为 1 个月到 6 个月的拘役，并处罚金。而就其犯罪构成来说，系犯罪嫌疑人酒后或者醉酒驾驶，属于一种行为犯，并未造成严重的危害后果，如果造成危害后果，自然就转化为交通肇事罪。对于这种社会危害性相对较小的行为犯，尚有近 30% 的比例被实施逮捕，可见逮捕存在一定程度上的滥用。而检察机关对逮捕的错案追究机制，在一定程度上对这种滥用起到了推波助澜的作用。目前对逮捕的考核，只要是犯罪嫌疑人被判有罪，逮捕即视为正确，并未将逮捕必要性纳入考核指标，促使检察机关侦查监督部门忽视了对逮捕必要性的审查，从另一个角度，如果犯罪嫌疑人最终被判无罪，国家承担赔偿责任，批准（决定）逮捕的办案人就要受到错案追究，没有给予一定程度的容忍，更加促使审查逮捕阶段过于重视逮捕的证据条件，而轻视逮捕的量刑条件和逮捕必要性条件。

第二节　逮捕实质要件的证明

在刑事诉讼中，审查逮捕以证据的证明为核心。我国法律和司法实践中，虽然还保有少量的职权主义色彩，如法院在判决时，可以依职权变更起诉罪名等，但不能否认对抗式诉讼模式的主流。审查逮捕阶段，具有诉讼模式的特点，可谓准诉讼模式。《人民检察院刑事诉讼规则》（草案）第 287 条明确规定，"……侦查监督部门办理审查逮捕案件，不另行侦查，不能直接提出采取取保候审、监视居住措施的意见。"可见，检察机关在审查逮捕环节，只是中立的、被动的审查现有的证据材料，而不会依职权亦没有职权再去调取完善证据，而检察机关作出是否批准（决定）逮捕的结论，更多的是依赖于当事人双方，即侦查机关和犯罪嫌疑人方的证明。尤其是刑事诉讼，与犯罪嫌疑人、被告人对抗的是代表国家的侦控机构，而在此种情形下，裁判者仍旧依职权行使调取证据、确认犯罪嫌疑人有罪之职能，必将导致法律天平的严重失衡。因此，对逮捕实质要件的审查，是一种被动地依赖于对逮捕实质要件证明的诉讼行为，而就具有逮捕实质要件的证明这一命题本身来讲，则属于程序性证明范畴。[①]

一 证明责任

由于我国刑事诉讼的概念有狭义和广义的区分，与此相对应的，刑事诉讼中的证明责任也有狭义和广义的区分。狭义的刑事诉讼证明责任，仅指在审判阶段，在法官的主持下进行的证明活动。公诉人或者自诉人向法院提起诉讼后，控诉方和辩护方根据各自的主张提供相应的证据，在审判阶段，主要由控诉方提供证据，承担证明被告人有罪的责任。该证明责任的概念考虑到证明责任在刑事诉讼中的特殊性，同时明确证明责任就是通过解决证明标准、证明对象、证明主体等一系列问题实现诉讼进行和案件的实体处理。广义的刑事证明责任，是对应刑事诉讼的全过程而言，只要侦查机构立案，刑事诉讼程序启动，无论是采取强制措施，还是其他程序性问题，都存在着相应的证明责任，各个环节有对应的证明责任主体和裁判机构。在我国现有的诉讼模式下，审前阶段的证明责任主体、裁判机构与审判阶段的证明责任主体、裁判机构均不相同。例如侦查机构欲对犯罪嫌疑人采取逮捕的强制措施，必须提出足够的证据支持，并对犯罪嫌疑人具有逮捕必要性的情况进行说明，而犯罪嫌疑人认为对其取保候审并不会妨碍诉讼的顺利进行，同样需要承担少量的证明责任。任何一

---

① 闵春雷：《刑事诉讼中的程序性证明》，《法学研究》2008 年第 5 期，第 141 页。

方未能充分有效履行证明责任的，都将可能承担对其不利的后果。笔者采纳广义的证明责任的概念，即是在审查逮捕阶段，由检察机关替代法院，作为中立、独立的司法机关行使相应的裁判职能，而犯罪嫌疑人一方和侦查机构一方，分别是诉讼过程中的两造，承担相应的证明责任。

（一）侦查机构承担主要证明责任

随着证明责任理论研究的深入，一些学者逐步地认识到刑事诉讼中的证明主体应该具备以下四个要件[1]：

第一，是案件的当事人。这是因为证明责任的分配由实体法和程序法共同规定，但实体法规定的内容与裁判主体没有关系，其仅是对当事人的权利和义务进行规范，裁判机构与案件的处理最终没有实体上的直接联系，实体法亦即不能规范裁判机构的权利义务，故此，诉讼各阶段的当事人是承担证明责任的证明主体。[2] 而裁判机构及其他诉讼参与人因没有实体法中的权利义务，不承担证明责任。

第二，必须有自己的诉讼主张。只有拥有自己的诉讼主张，才能围绕这种主张进行证明，裁判者亦围绕该主张进行审理。在诉讼过程中，只有提出了明确的诉讼主张，无论是程序性的，还是实体性的，才能推动诉讼进行。因此，诉讼主张是诉讼的前提，亦是证明的前提，既是诉讼的出发点又是落脚点。有主张才需要证明，有主张才需要裁断，诉讼中的当事人，均有独立的诉讼主张。

第三，必须对提供证据、证明证据所主张的事实成立的行为承担责任。这是每个证明主体在外在客观表现上的共性，具体体现为刑事诉讼中收集、发现和保全证据的各种诉讼行为。需要注意的是，仅满足这一要件者，未必一定是证明主体。比如案件中的证

---

① 卞建林：《刑事诉讼的现代化》，中国法制出版社 2003 年版，第 430 页。
② 江伟：《证据法学》，法律出版社 1999 年版，第 49 页。

人，需要对其提供的证据的真实性承担责任，但其并没有诉讼主张，不是证明主体。

第四，有可能承担案件事实真伪不明的结果责任。如果证明主体未能充分、有效履行证明责任，提供的证据不足以支持其主张抑或未能说服裁判者，则需要承担败诉风险或者其他不利的诉讼后果。与案件的审理结果有着直接的利害关系的就是控辩双方，而从实体法角度，败诉的风险也只能分配给控辩双方，再一次说明了只有当事人可以成为证明主体。

有学者提出侦查机构不应属于证明主体。这种观点认为，虽然在现代社会中，犯罪的复杂性决定了国家提起公诉必须以侦查为基础和前提，而侦查机构的职责在于协助公诉机关行使控诉职能。所以，侦查机构发现、提取并保全证据的活动实质上是为公诉机关在法庭阶段更为有效地履行举证责任做准备。①

传统证据理论认为，侦查机构作为国家专门机关之一也应属证明主体。但如果从证明主体的构成要件角度来分析，侦查机构则不属于证明主体。一方面，由于诉讼证明责任是与审判阶段相联系的特定概念，解决的是审判过程中由谁提出诉讼证据和诉讼主张以及由谁承担因证明不力或无法证明而导致的不利后果的问题。因而，严格地说诉讼证明只存在于审判阶段。侦查机构并非审判阶段的诉讼主体，除个别侦查人员以鉴定人身份或警察证人出庭作证外，一般情况下不参与审判活动，由此可见侦查机构不可能是证明主体。另一方面，从侦查活动的性质看，在侦查阶段还没有提出明确的诉讼主张，侦查机构收集证据的行为是一种依职权对案件事实的认识活动，更无须承担不利的诉讼后果，因此不能将其列为证明主体。在审前阶段侦查机构对证据的收集审查活动属于"查明"，而不是"证明"。"查明"是"证明"的基础或前提，"证明"是"查明"的目的或延续。但是，"查明"绝不等于"证明"。② 诉讼证明的要

---

① 黄维智：《刑事证明责任研究》，北京大学出版社 2007 年版，第 153 页。

② 何家弘：《"事实"断想》，《证据学论坛》（第 1 卷），2000 年，第 6—7 页。

旨,在于使担任事实裁判者的法官通过法庭上的举证论证确认己方的诉讼主张,而只有公诉机关关于被告人犯罪的事实主张,才是公诉人在法庭上进行证明的对象和起点。因此,侦查机构非证明主体,只可以作为查明案件事实的主体。

笔者认为,上述理论是对证明责任的狭义理解,按照广义的证明责任的概念,从侦查机构立案开始,一个案件即进入到刑事诉讼程序,在整个程序过程中,涉及对犯罪嫌疑人和被告人的权利做出处分决定的具有结论性内容的节点,均应该经过证明确定。审判阶段的庭审固然重要,但审前对犯罪嫌疑人决定逮捕的程序,因为剥夺了犯罪嫌疑人的人身自由,具有同样重要的意义。审前阶段,就犯罪嫌疑人是否犯罪的问题处于"查明"状态,但就是否应该对犯罪嫌疑人适用逮捕这一命题本身,是需要"证明"的内容。在这一阶段,侦查机构主张逮捕犯罪嫌疑人,犯罪嫌疑人方则可能主张不具有逮捕必要性,双方有各自明确的主张,逮捕的各项条件标准亦有法律的明确规定,侦查机构作为此程序的当事人,要为证明自己的主张提供相应的证据,由此,审查逮捕构成一个完整的诉讼证明环节。在这一环节,侦查机构成为证明责任主体。

(二) 犯罪嫌疑人承担次要证明责任

有关刑事犯罪嫌疑人是否承担证明责任这一问题,我国法学界存在三种不同的观点。[①]

第一种观点认为,我国刑事诉讼法已经确定了反对自证其罪的原则,很明确,在公诉案件中,犯罪嫌疑人、被告人不需要承担证明自己有罪的责任。同时,法律规定由侦控机构承担证明犯罪嫌疑人、被告人有罪的责任,如果侦控机构未有效履行相应的证明责任,则承担对其不利的诉讼结果,即犯罪嫌疑人、被告人被宣告无

---

① 樊崇义:《刑事诉讼法学研究综述》,中国政法大学出版社1991年版,第263—268页。

罪，犯罪嫌疑人、被告人不需承担证明自己无罪的责任。被告人拥有的权利是辩护权。首先，因为被告人是被追诉的对象，并且人身自由因被采取强制措施受到不同程度的限制，客观上收集证据不能。其次，辩护权是被告人拥有的权利，法律赋予被告人权利，目的是便于查明案件的事实，保障被告人的合法权益。即使被告人自己放弃了辩护权，也不能因此导致不利于被告的后果。最后，要求被告人承担证明责任，容易陷入"有罪推定"，使司法人员推诿自己的证明责任。《新刑事诉讼法》第49条已经将公诉案件的举证责任分配给了控诉机关。

第二种观点认为，犯罪嫌疑人是刑事诉讼的主体，故应承担证明责任。理由是：第一，证明责任包含四项内容：提出证据；证明要证明的问题；收集调查证据；审查、判断证据。前两项内容适用于犯罪嫌疑人、被告人。第二，依据法律规定。《新刑事诉讼法》第118条的相关规定，被告人应当如实回答侦查人员的提问，这其实就是分配给被告人的证明责任。被告人若不尽举证责任需要承担相应的法律责任，这专就被告人对其所犯罪行的态度来谈。如果积极尽举证责任，或坦白，或自首，或揭发其他犯罪分子，结果是从宽处理；不尽举证责任，或制造假象，或抗拒，或嫁祸于人，或伪造、隐匿、消灭罪证，结果是从严惩处。第三，犯罪嫌疑人、被告人不负证明责任的前提是"无罪推定"，在我国刑事诉讼制度中，既不承认"有罪推定"，也不承认"无罪推定"。这个前提条件不存在，被告人不负举证责任的理由就无从谈起。第四，犯罪嫌疑人、被告人承担证明责任对案件得以及时、正确地处理，有四个方面的积极意义：一是有利于促使被告走"坦白从宽"、认罪服法、接受改造的道路；二是有利于调动被告如实供述的积极性；三是有利于司法人员及时、准确地查明案情；四是有利于划清有理辩护和无理狡辩的界限。

第三种观点认为，犯罪嫌疑人一般情况下不承担证明责任。但是，随着刑事诉讼的发展，在极其特定的条件下，被告人有可能承担相对的证明责任。这一特定条件下的举证义务，是建立在我国刑事诉讼实事求是的原则基础上的。① 这里所指的特定条件包括举证之必要和举证之可能。举证之必要是指被告产生举证责任的前提,这个前提有二:一是控告一方首先负举证责任,证明被告有重大犯罪嫌疑或有罪;二是被告人否认指控事实,认为部分或全部不成立。举证之可能是指不存在排除被告承担举证责任的正当理由。因为虽然国家司法机关本身担负着维护法律秩序,证明并追究犯罪的责任,但在任何时候,国家的司法资源都是极其有限的,资源的配置必须有利于实现司法的最大效益。为此,需要节省和适当分配司法资源。实行适当的举证责任倒置,有利于司法资源的节省和合理配置。② 而对某些难以证实的问题,即使投入较大的司法力量,也可能会因条件的限制而难起效用。

由此,各个法学流派基本达成了共识,即犯罪嫌疑人、被告人应是证明责任的主体,且应承担部分证明责任。③ 主要出于以下几个方面的原因:

一是侦查机构无法用直接证据证明犯罪的某些要素,只能通过间接证据证明,这就决定了犯罪嫌疑人必须承担这些犯罪要素不存在的证明责任。主要体现在主观要件的认定上。比如,对于"明知"这一主观要件的认定,若无口供证实,只能通过行为人的客观行为来认定,而无法依据直接证据来证明。因为作为人的一种心理活动的"明知",其形成及表现过程非常复杂,所以,大多数人认为,通过客观行为来推定是认定"明知"的唯一方法。犯罪嫌疑人的反证就成了他的一种义务,如果犯罪嫌疑人不能提出反证,就要承担不利的后果。可见,在这种情况下,证明侦查机构所指控的主观要件不存在的证明责任需要由犯罪嫌疑人来承担。例如根据我国

---

① 刘季幸:《试论刑事被告的相对举证责任》,《西北政法大学学报》1985年第2期,第23页。

② 翁晓斌、龙宗智:《罪错推定与举证责任倒置》,《人民检察》1999年第4期,第13页。

③ 黄维智:《刑事证明责任研究——穿梭于实体与程序之间》,北京大学出版社2007年版,第149页。

刑法中有关持有型犯罪的规定，如果一个人被推定或证明持有危险品，除非能提出相反证据，否则被视为已经知道持有物品的性质。如果犯罪嫌疑人不能提出相反证据，则会被依法定罪。

二是就犯罪的某些要素而言，犯罪嫌疑人具备证据上的信息优势，由犯罪嫌疑人承担证明这些要素不存在的证明责任比由侦查机构承担证明责任显得公平合理。曾有学者举出过这样两种情况：其一是在职务犯罪案件中对赃款去向的证明，要求犯罪嫌疑人因其特定的不法行为承担举证责任，采用罪错推定和举证责任倒置的机制，才能有效解决许多情况下无法证明的赃款赃物的去向问题。其二是国家工作人员的亲属利用国家工作人员的职务收受巨额"好处"的受贿犯罪中，对该国家工作人员如何定罪的问题。对于国家工作人员的亲属利用国家工作人员的职务，非偶然性地收受财物，除非有证据证明该国家工作人员确实不知情，一般情况下应推定为该国家工作人员知情。

三是对某些犯罪构成要件之外的事实和程序事实，由犯罪嫌疑人、被告人承担部分证明责任也是合理可行的。对有些可能影响到定罪量刑并与犯罪构成有密切联系的事实，如果对被告有利，则要由被告人承担证明责任。其理由是：第一，只要侦查机构完成了犯罪构成各个要素的证明，其证明义务就已基本完成，对侦查机构的证明程度并不能做无限制的要求。而且，此要求并不违背法律规定，法律规定犯罪嫌疑人有罪的证据应由侦查机构举证，那么构成要件之外的事实，可以对案件的定罪或量刑产生影响，却未必属于有罪证据，虽然法律规定侦控机构既应当收集对犯罪嫌疑人不利的证据，也应当收集对其有利的证据，但在追诉犯罪的主要职能要求下，侦控机构相对容易忽视对犯罪嫌疑人、被告人有利的证据，另外，对犯罪嫌疑人、被告人有利的证据，没有人会比其本人更清楚。犯罪嫌疑人有罪证据，除犯罪嫌疑人、被告人提供外，还有案发现场、被害人方面等诸多证据可以证明，而对犯罪嫌疑人、被告人有利的证据，其本人不提出，仅依赖于侦控机构依职权发现，增加了诉讼成本，也不利于对事实真相的调查。第二，犯罪嫌疑人承担部分犯罪构成要件之外事实的证明责任，也是诉讼经济的要求。对于某些程序性事实，如侦查机构是否刑讯逼供、非法取证、是否设置了"警察圈套"等，犯罪嫌疑人也应承担相应的部分证明责任。

笔者同意犯罪嫌疑人应当承担部分证明责任的观点。笔者认为，虽然"公安机关对已经立案的刑事案件，应当进行侦查，收集、调取犯罪嫌疑人有罪或者无罪、罪轻或者罪重的证据材料。"但犯罪嫌疑人、被告人如果主张自己无罪或者罪轻，不进行任何的证明和辩护，没有对裁判者的判断产生任何影响，其承担对自身不利后果的可能性必然增大。无论是否有法律明示的责任规定，其客观事实都是存在的。虽法律称其为辩护权，是犯罪嫌疑人、被告人一项特有的权利，依据权利的属性，权利主体可以选择放弃权利，但犯罪嫌疑人、被告人对辩护权的放弃，必然导致其丧失了说服裁判者的机会。正是如此，英国 1994 年颁布的《刑事审判与公共秩序法》第 34 条至第 37 条修正了被告人的沉默权，规定法庭或陪审团可以作出"看起来适当的"推论的几种情形[①]：一是在讯问或指控过程中，未能提供支撑辩护观点的证据；二是具有刑事责任能力，但在庭审过程中，无正当理由拒绝回答问题或者未提供相应的证据，且已被指控犯有待证的犯罪；三是在其身边或居所发现与被指控的犯罪有关的线索，拒绝解释的或未能解释的；四是在特定的时间出现在案发现场，拒绝解释的或未能解释的。上述要求，是被告人或者犯罪嫌疑人在特定四种情形或事项下，承担无罪的证明责任的相关规定。日本也有类似的规定，《日本刑法》第 207 条规定，如果两人以上施加暴力致使他人受到伤害，在不能辨认所加伤害的轻重或不能辨认是何人所伤时，则施加暴力的两人应依共犯的规定处断。也就是说，在某些情况下，如果侦查机构缺乏足够的证据证明，而犯罪嫌疑人负有证明自己行为的责任，若犯罪嫌疑人未能提

---

① 陈瑞华：《在公正与效率之间——英国刑事诉讼制度的最新发展》，《中外法学》1998 年第 6 期，第 23 页。

供证据支撑，就要承担对己不利的后果。

此外，一些特定情况下，犯罪嫌疑人还应因其自身的主张，哪怕是申请调取证据的主张，承担一定的举证责任。比如具有间歇性精神障碍的犯罪嫌疑人、被告人，如果其本人或家属、辩护人不提出进行精神病鉴定的要求，依据我国现行的相关规定，并不会对每个案件的犯罪嫌疑人、被告人做此鉴定，而若归案时犯罪嫌疑人、被告人未处于发病状态，侦控机构也不能发现其相关病史，必然造成对限制刑事责任能力人的错误追诉。此种情况，由侦控机关承担完全的证明责任，并不适合。而犯罪嫌疑人、被告人方提出相应的主张并辅之以一定的说明，由侦控机构聘请权威部门作出鉴定，这样的程序，更有利于案件事实的发现，有利于对案件客观、公正、及时、有效的处理。

总体上，犯罪嫌疑人方在审查逮捕程序中，应承担举证失败抗辩中的疑点形成责任和肯定性辩护中的提供证据责任。举证失败抗辩常常着重于罪行的一个要件，且努力表明该问题存在疑点，降低侦查机构证明的那个要件的证明标准，使其不能达到相应的证明标准。如攻击侦查方证人的可信性，对侦查机构提供的证据提出合理的疑问，使产生疑点。肯定性辩护是说明形似犯罪但实质上不是犯罪的情况，提出被告人不负刑事责任的证据，主要包括正当化事由和宽恕事由。如犯罪嫌疑人不在案发现场的证据、主观不明知、非故意的证据、犯罪嫌疑人刑事责任能力欠缺的证据，以及犯罪嫌疑人的行为具有违法性阻却事由，属于正当防卫、紧急避险的情况等。

（三）检察机关不承担证明责任

在审查逮捕阶段，检察机关侦查监督部门不负有证明责任，证明责任仅由侦查机构、犯罪嫌疑人承担。这是因为：其一，结合前述证明主体的四个要件，检察机关侦查监督部门不是审查逮捕阶段案件的当事人，亦没有独立的诉讼主张，而证明责任的承担须以提出诉讼主张为前提，证明责任主体履行证明责任的目的，是为了实现自己的主张，所以无诉讼主张就无证明责任。在审查逮捕阶段，检察院侦查监督部门不可能提出任何诉讼主张，因此就相应地不承担证明责任。其二，检察机关侦查监督部门不负证明责任，是审查逮捕阶段的准诉讼构造决定的。诉讼职能区分是现代刑事审判制度的重要原则，而且控、审职能分离原则是这一原则最重要的一个方面。在审查逮捕阶段，控方由侦查机构承担，检察机关侦查监督部门仅是中立的裁判者的监督。根据控、审分离原则，控诉和裁判职能必须分离，不能被一个主体掌控，不能分配给一个机构或者一个人，应该由两个不同的国家机构代表独立承担，裁判者应该始终保持中立的、消极的姿态，不可积极主动地实施追诉犯罪的行为。① 其三，检察机关侦查监督部门不承担证明责任，是由证明责任性质决定的。侦查机构要求逮捕犯罪嫌疑人必须提出理由，检察院侦查监督部门有权力要求侦查机构提供证据加以证明。履行证明责任是侦查机构的诉讼义务，要求侦查机构履行证明责任是检察院侦查监督部门的权力，检察院侦查监督部门在审查逮捕过程中不承担证明责任。

二 证明标准

在审查逮捕阶段，根据证明对象和证明主体的不同，有不同的证明标准。如果证明主体为犯罪嫌疑人方，则一般适用疑点形成的证明标准。即只要犯罪嫌疑人提出主张使检察人员产生"合理怀疑"即可。主要是针对具有合法性阻却事由、非法证据及主观状态等要素。所谓的合理怀疑，原为英美法系的证明标准之一，新刑事诉讼法中已经将其作为一种证据标准。合理怀疑，首先是一种心理状态，是人们在日常生活中作出重大决定时相信条件已经成熟并进而据此采取行动的心理状态；其次是排除合理怀疑，排除的是有理由的怀疑和猜测，是建立在一定的理由之上的，有合理的根据，而不是没有根据的任意猜测、怀疑或推测。在这个世界上，很少有事

---

① 陈瑞华：《刑事审判原理论》，北京大学出版社1997年版，第232—233页。

情能够被认为是绝对确定的，因此法律不要求排除所有可能的怀疑。

在侦查机构承担证明责任的情形下，逮捕三个实质要件分别适用不同的证明标准。对于证据条件，笔者认为达到清楚和有说服力的标准即可。清楚和有说服力的标准是主张的事实具有高度的可能性。这一标准略低于排除合理怀疑的标准。将证据条件的证明标准设定为清楚和有说服力的，主要从以下三方面考虑，一方面从人权保障的角度，必须具有极大的认知度，认为某人实施了某一罪行，是对其限制人身自由的前提；另一方面从所处的诉讼阶段来看，侦查初期，证据尚需进一步收集和完善，要求完全排除合理怀疑，不够现实也不科学。此外，从我国法律表述上，也可以看出，总体上是指证明犯罪嫌疑人实施犯罪的证据已有查证属实的，就说明具以定罪的证据并没有完全形成闭合的链条，犯罪嫌疑人犯罪的可能性自然就有所降低，符合清楚和有说服力的标准。

从逮捕量刑条件的角度，侦查机构达到优势证据的证明标准即可。优势证据，是指使人相信，某一事实的成立要比不成立具有更大的可能性。对被告人可能判处的刑罚，除与其所犯的罪行有关外，与其认罪的主观态度、是否取得被害人方的谅解、有无重大立功表现，以及有无其他可以从轻、减轻的情节等众多因素均有关联。而这些情节，在侦查伊始，亦是不能完全掌握的。因此，法律规定了"可能判处有期徒刑以上刑罚"的量刑条件，一方面体现了量刑的不确定性，另一方面也给予了较大的幅度和空间。结合案件的证据调取情况及诉讼阶段，笔者认为在量刑条件的证明方面，适用优势证据的标准，只要证明犯罪嫌疑人有较大可能判处有期徒刑以上刑罚的概率即可。

从逮捕必要性条件看，适用一般的盖然性标准即可。一般的盖然性一般情况下，认为有发生的可能性。对于采取取保候审不足以防止社会危险性发生的五种情形，适用逮捕。而这五种情形，如前文所述，若有直接证据可以证明，则相对简便，但更多的情况下，是需要靠间接证据佐证，甚至是一种推定。因此，笔者认为，逮捕必要性条件的证明标准，仅为一般的盖然性即可。不过，即便是一般的盖然性，也是要达到一定的幅度和标准。

虽然，用数字衡量证明标准的内心确认程度并不科学，因为对个案来讲，可能达到100%标准。但是笔者仍然希望借助量化的指标，大体表现出几种证明标准的差异，主要是指在人内心的一种信任程度，更容易让人理解几种证明标准之间的差异，也更能够理解法律和实务的要求，以便使证明标准的描述能够更加清晰。笔者认为，如果以100%作为基数，那么排除合理怀疑的证明标准，由于不能过于绝对，所以不是100%，但应为99.99%以上，与此相对应，产生合理怀疑的标准比例就是万分之一，即使有"万一"的可能性，也说明刑事案件证据的缺憾；而清楚和有说服力的证明标准，应在95%以上，优势证据的证明标准，则为85%以上，一般的盖然性，为80%以上，应了"八九不离十"的俗语。

三　证明方法

在侦查机构提出逮捕的请求，经检察机关侦查监督部门审查，认为不需要启动听证程序，犯罪嫌疑人方亦未提出启动听证程序要求的，可以采用自由证明的方法，如果侦查机构依职权或依犯罪嫌疑人方申请启动逮捕听证程序的，则采用适当证明的方法。但因涉及对犯罪嫌疑人是否逮捕的问题，故无论适用哪种证明方法，均要达到清楚和有说服力的标准。

所谓适当证明，按照日本学者平野隆一的观点，系介于严格证明和自由证明之间，是指一般适用自由证明的情况下，如果一方当事人对某一事实提出异议，双方当事人应当就该事实进行充分的辩论，并允许各自提供证据证明所主张的观点。例如，法律规定被告人承认自己所犯的罪行，对指控的犯罪事实没有异议的情况下，可以适用简易程序，如果在简易程序的过程中，被告人翻供，否认了在先的供述，并对公诉人的指控证据提出异议的，法庭就要恢复举证和质证程序，让被告人与公诉人进行充分的辩论，这种证明称为适当证明。① 我国学者认为，适当证明具有三个特点，首先，适当证明的对象不适用于严格证明的范畴，严格证明的所有内容已经由法律明确规定，且严格适用。适当证明只是在自由证明的证明对象范围内做的调整和修正；其次，适当证明的某个要素或某些环节，适用了严格证明的方法，从这个角度上讲，适当证明是自由证明的一种，当所有要素均不需按照法律明确规定要求去做的时候，为自由证明，而当某一部分因为按照法律明确规定严格执行时，便转为适当证明；最后，适当证明的宗旨是为了保障犯罪嫌疑人、被告人的权利，使其获得充分的诉讼参与权和辩护权。

在审查逮捕程序中，如果犯罪嫌疑人未提出异议、侦辩争议尚未形成之时，侦查机构程序性请求的证明不必适用严格证明。主要是由于逮捕强制措施的提出及获准一般发生在审前程序特别是侦查阶段，这一阶段证据的有限性及程序的紧迫性决定了对其的证明标准可以弱于定罪的证明标准，即不必达到排除合理怀疑的证明要求。但是，当侦辩双方对案件的主要要件存在争议或存有其他特殊情况的，由于其直接关系到公民人身自由、隐私权等基本权利，对这类请求应采用适当证明的方法。一方面，应适当提高适用此类强制措施的证明标准，对于控方程序性请求的证明总体上应达到"清楚可信"的证明标准。只有达到清楚可信的证据标准，方可适用限制人身自由的强制措施，体现出证据法对国家公权力的有效限制。另一方面，现行刑事诉讼法强调在程序性证明中发挥律师的作用，如在批准逮捕环节设立听证程序，听取辩护律师对证据的意见与要求，增强逮捕的正当性。②

第三节　非法证据的排除

根据法律规定，检察机关侦查监督部门在审查逮捕阶段发现证

---

① ［日］田口守一：《刑事诉讼法》，刘迪、张凌等译，法律出版社2000年版，第220页。

② 闵春雷：《严格证明与自由证明新探》，《中外法学》2010年第5期，第697页。

据为非法证据且不可完善的，应予排除。在审查逮捕阶段，犯罪嫌疑人方如果提出非法证据的问题，检察机关侦查监督部门应当启动听证程序进行审查，犯罪嫌疑人、辩护人方和侦查机构要进行充分的辩论，经审查确定该证据为非法证据的，该证据将不能随案卷移送。如果审查后认为符合法律规定，或者具有完善的空间和可能性，经完善后可以作为案件证据使用的，可要求侦查机构对证据进行补强。详细的要求及操作，《最高人民法院关于适用〈中华人民共和国刑事诉讼法〉的解释》第四章关于证据的相关规定较为明确。

如果侦查机构和犯罪嫌疑人不服检察机关对"非法证据"认定结论而要求复议复核的，检察机关侦查监督部门均应采取听证的方式进行。对于检察机关经复议复核仍旧认为系非法证据，予以排除的，该证据不得进入随后的诉讼环节。如果检察机关认为该证据非"非法证据"，则该证据随卷继续移送，而在其后的诉讼阶段中，犯罪嫌疑人仍可继续主张该证据为"非法证据"。

如果系因非法证据排除的理由提出复核的，上级检察机关应组成听证小组按照后述程序进行听证。笔者未在非法证据排除的复议程序设定听证程序，也是从现实出发，一般基层检察机关侦查监督部门的工作人员人数有限，一个案件听证程序已经有3人参与，复议更换办案人，再找出3人组成听证小组，可操作空间不大。而复议直接由原未接触该案的1名检察官书面审查，更具有现实可行性，公正性也能得到一定的保证。

第三章 逮捕的程序

作为一种最严厉的强制措施，逮捕令犯罪嫌疑人、被告人受到较长时间的监禁，使其人身自由受到最严重、最深远的侵害。[①] 司法机关对已被定罪的人的自由的剥夺都要经过审判，更何况逮捕是对未被定罪的人的自由的剥夺，对法律上无罪之人剥夺人身自由更须审慎决定。同时，审查逮捕除对罪行的初步确认、对刑罚的初步判断等实体问题外，还包括审查主体、审查内容、审查方式、救济方式、对强制措施的终局性裁判和对非法证据的排除等一系列程序问题，因此，逮捕程序就显得尤为重要。

第一节 我国逮捕程序的现状

2010 年 1 月至 2011 年 6 月，全国共批捕各类刑事犯罪嫌疑人 907979 件 1351330 人，不批捕 217385 人，批捕率为 86.14%。[②] 总体看来，我国审查逮捕程序主要呈以下特点：

1. 逮捕的批准（决定）机关以检察机关为主。新刑事诉讼法第 78 条规定：逮捕犯罪嫌疑人、被告人，必须经过人民检察院批准或者人民法院决定，由公安机关执行。也就是说，有权决定或批

[①] 陈瑞华：《比较刑事诉讼法》，中国人民大学出版社 2010 年版，第 286 页。

[②] 万春：《当前侦查监督工作若干问题》，《侦查监督指南》2012 年（创刊号），第 16—17 页。

准逮捕的机关是人民法院和人民检察院。人民法院，系在案件进入审判环节后，对需要逮捕的被告人决定逮捕，以北京市部分法院2007年至2011年对被告人决定逮捕的情况为例，2007—2011年间共受理一审公诉案件97033人，决定逮捕1441人，① 所占比例为1.49%，因其所占比例不大，故审判程序中的逮捕不是笔者重点讨论的逮捕情形。笔者重点讨论在侦查阶段由检察机关审查后批准（决定）的逮捕。检察机关作为审查逮捕的主体，体现出中国特色的司法制度。检察权具有行政权和司法权的双重属性，这一观点得到了多数国家和学者的认可而成为通说。② 在西方国家，检察职能侧重于侦查，检察权属性更偏重于行政权；而在我国，检察职能侧重于法律监督，检察权属性偏重于司法权。

2. 未建立对抗式的诉讼模式。检察机关在审查逮捕过程中，一般讯问犯罪嫌疑人，强奸和其他特殊类型的案件，检察机关在审查逮捕阶段可能询问受害者。目前，侦查机构对案件进行初步侦查，收集、调取相关证据后，向检察机关报捕，并随案移送全部卷宗证据材料。检察机关指定一名主办案人办理案件，阅卷后提审犯罪嫌疑人，听取犯罪嫌疑人的辩解并制作讯问笔录。最终，检察机关办案人员会根据案件的证据材料，重点审查犯罪嫌疑人是否构成犯罪。

3. 淡化了程序性作用。虽然为一种程序性的裁断，但逮捕在实践中却偏离轨道，发挥了实体预断的作用。逮捕更多的是承担了实体上的罪与非罪的预断功能。因为如果不构成犯罪而实施逮捕，则要进行错案追究。而构成犯罪实施逮捕，则属于正常逮捕。即便如此，2010年1月至2011年6月，全国捕后判无罪的比例为0.008%，捕后撤案、捕后不起诉的比例分别为0.04%和1.19%，合计有1.2%左右的被实施逮捕的犯罪嫌疑人是在罪与非罪的边缘

---

① 孙力、罗鹏飞：《审判阶段羁押必要性的继续审查》，《国家检察官学院学报》2012年第12期，第50页。

② 龙宗智：《论检察权的性质与检察机关的改革》，《法学》1999年第10期，第10页。

徘徊。

4.逮捕和羁押未分离。无特殊情况,直到法院判决,犯罪嫌疑人总是处在被羁押的状态。在刑事诉讼法修改前,如无重大疾病或极少数变更强制措施的情况,在宣判之前犯罪嫌疑人均会处于被羁押的状态。犯罪嫌疑人在被捕后就持续的被羁押,没有开展羁押必要性审查的工作。公安机关在对犯罪嫌疑人执行逮捕后变更强制措施的,缺乏监督机制。虽然刑事诉讼法有关于公安机关释放被逮捕的人或者变更逮捕措施的,应当通知原批准的人民检察院的相关规定进行约束,即公安机关应当在检察机关做出批捕或者不批捕的决定后,对应的将犯罪嫌疑人立即逮捕或者释放,并将执行情况及时向检察机关反馈。但实际执行起来,效果并不好,各地做法不一,原因是没有对公安机关何时通知、通知何种内容等相关问题作出具体规定。

5.犯罪嫌疑人权利救济机制缺失。法律规定公安机关对人民检察院不批准逮捕的决定不服的,可以申请复议复核。并规定,人民法院、人民检察院和公安机关如果发现对犯罪嫌疑人、被告人采取强制措施不当的,可以变更强制措施。上述两项一是规定了公安机关提请逮捕,人民检察院作出不批捕决定时,公安机关可以申请复议复核程序,二是规定了公检法机关发现对犯罪嫌疑人、被告人所采取的强制措施不当的,应当依职权变更的程序,但没有赋予犯罪嫌疑人、被告人救济途径。犯罪嫌疑人、被告人系被剥夺人身自由的权利人,缺乏有效的救济机制。仅规定犯罪嫌疑人具有申请变更强制措施的权利,而不是不被逮捕的权利,而这种变更,是建立在逮捕前置的基础之上的。

第二节　逮捕程序的比较法考察

域外多数国家实行"逮捕前置主义",逮捕和逮捕后的羁押是两个独立的审查程序。逮捕只会带来短期的人身自由的限制,但是在法律上还是对逮捕的条件和程序进行了明确的规定。域外国家的逮捕，更接近于我国刑事诉讼法规定的拘留。而我国的逮捕制度，近似于域外国家的羁押制度，故将我国逮捕制度与域外国家的羁押制度做比较。

一　大陆法系国家

在德国，有一种法官先行签发羁押命令的制度。一般来说，对那些具备法定羁押理由的嫌疑人，经检察官申请，侦查法官可以不经过逮捕程序而直接签发书面的羁押命令。当然，在法定特殊情况下，如果法官无法与检察官及时进行联系，并且延迟签发就会造成危险的，法官也可以依职权主动签发逮捕令。《德国刑事诉讼法》第125条、第126条规定，在公诉提起之前，羁押命令由拥有地区管辖权的地方法院法官，或者由嫌疑人居住地的地方法院法官签发。而在提起公诉后，羁押命令则由受理案件的法院签发；案件进入上诉审时，由作出原判决的法院签发。羁押命令是警察、检察官对嫌疑人实施逮捕的司法授权书。它必须载明被捕者的情况，被指控的犯罪行为以及行为的时间、地点、犯罪行为的法定要件及相应的刑法条款，还要说明能够证实行为嫌疑和逮捕理由的事实。

司法警察在执行逮捕（不论是依据羁押命令实施的逮捕还是暂时逮捕）之后，必须毫不迟疑地将被捕的嫌疑人提交给管辖案件的法官。这种提交嫌疑人的行为最迟不得超过逮捕后的第二天结束之时。具有客观方面的原因，届时无法向逮捕地的地方法院法官提交的，警察也可以向最近的地方法院法官提交嫌疑人，最迟不得超过逮捕后的第二天。对于被提交的嫌疑人，法官应当毫不迟延地进行讯问，至迟不得超过逮捕后的第二天。对于被提交的嫌疑人，法官应当毫不迟延地进行讯问，至迟不得超过提交后的第二天。讯问时，法官须告知嫌疑人有关的诉讼权利，给予嫌疑人提出辩解的机会，并且就是否继续羁押问题作出决定。一般来说，法官经过审查，发现羁押的理由仍然存在的，会继续维持羁押命令，但要告知嫌疑人提起抗告或其他法律救济的权利。相反，如果发现羁押无正当理由或者羁押的理由已经变得不复存在的，法官会立即撤销羁押命令，将嫌疑人予以释放。前西德各州，在2000年共有超过36000人被实行审前羁押，大约占在刑事法院被判决的人的4%。[1] 这些人中只有50%最终没有得到缓刑判决。[2]

在法国，在重罪案件和轻罪案件中，如果所犯的是现行轻罪，可能判处的刑罚相当于或高于一年监禁，或者所犯的是其他罪行，可能判处的刑罚相当或高于两年监禁，而且司法管制的义务不足以起到保障审判或者安全所需，并且有下列情况之一者：为保全证据或物件痕迹，或者防止其对证人或受害人施加压力，或者防止被审查人与共犯之间进行串供的唯一办法；保护被指控人、终止犯罪行为或防止其再犯，保证为维持社会秩序不致受罪行的干扰所必需的措施；遇有某些法定情况，即使被审查人自愿遵守司法管制的义务，也可以宣布对其临时羁押。在任何案件中，临时羁押均应以附有法律理由和依照法律规定作出决定的事实的命令为之。此项命令应口头通知被羁押人，还应将完整的文本交给他，并在诉讼档案中注明。决定对被审查人进行羁押的预审法官，应当告知被审查人有权在一定期限内作辩护的准备。如果该人没有聘请律师协助，应当告知其有权选择聘请律师或者要求指定律师。应当以一切方法不迟延地将选聘的律师或经要求指定的律师通知律师工会会长，并将此事记入笔录。预审法官主持召开预审，庭上经过双方辩论后，听取检察官的意见，听取被审查人的陈述，必要时还可听取律师发言。但是，如果被审查人或其律师请求给予时间准备辩护，则预审法官不能命令立即予以羁押。在此情况下，预审法官可以命令拘留该人不得超过四个工作日，此项命令不得申请复议。在此期间内，他可以重新讯问被审查人，而且，不论被审查人是否有律师协助，都可以按照法律规定进行审查活动。如果最后决定不予羁押，可以

---

① Statistisches Bundesamt（ed.），Rechtspflege，Strafverfolgung 2000，2001：74. 大约有924000人进入刑事诉讼程序；其中超过1/4的人因违警罪被起诉。不考虑违警罪，被审前羁押的嫌疑人的比例大约是6%。

② Statistisches Bundesamt（ed.），Rechtspflege，Strafverfolgung 2000，2001：76.

释放。

在轻罪案件中，羁押不得超过四个月。但在此项期限届满时，预审法官可以附理由的命令予以延长，但任何延长均不得超过四个月。如果被审查人过去未曾被判定犯有重罪或者普通轻罪，并被判重罪刑或者一年以上无缓刑的监禁，或者该罪可能判处五年以上监禁时，只能延长羁押一次，而且延长期不得超过两个月。在其他情况下，被审查人的羁押不得超过一年，但是，在例外情况下，预审法官可以在羁押期限届满时，以附理由的命令宣布对羁押作不超过四个月的延长。这样的决定可以依照同样的程序再度作出。但是，如果被审查人的罪行可能判处的刑罚在五年以下，对他的羁押不得超过两年。上述决定，应在通知检察官之后，必要时还要听取被审查人或其律师的意见才能签发。对被审查人宣布临时羁押时，预审法官可以禁止其在十日内与任何人通信。并可将该措施再度延长，但只能延长十日。不过在任何情况下，禁止通信不适用于与被审查人的律师的通信。宣布临时羁押后满一个月，预审法官不得拒绝许可被羁押人会见其一名家庭成员，除非特别说明是基于预审的必要以书面作出相反的决定。如果预审法官在审讯过程中发现被审查人行为的刑事性质难以确定，可以在通知检察官后，或者为了最终查明事实，而命令将被审查人继续临时羁押，或者予以释放，实行或不实行司法管制。

二　英美法系国家

在英国，警察将嫌疑人逮捕后自行决定的羁押期限不得超过36小时，羁押满36小时后，警察如果认为还有必要对嫌疑人继续进行羁押的，必须向治安法院申请签发"进一步羁押的令状"（a warrant of further detention）。对此申请，治安法院一般要举行专门的听证程序。这种听审由两名以上治安法官主持，并采取秘密的方式。届时，警察与嫌疑人作为控辩双方参与听审的过程，并发表意见，进行辩论。为保障嫌疑人享有充分的辩护权，嫌疑人有权获得治安法院指定的事务律师（solicitor）的免费法律帮助。

经过听审，治安法官在听取警察、嫌疑人及其辩护律师的意见和辩论后，作出批准或者不批准延长羁押期限的裁决。在此期间，警察可以反复提出类似的申请，治安法院应对此作出审查，并决定需要延长的羁押期限。但在警察提出起诉之前，羁押期限最长不得超过 96 小时。

如果在警察起诉之后，被告人未曾参与过任何司法听证活动的，治安法官在受理起诉的同时，还要举行一次专门的听审活动。这种听审与上述就延长羁押问题所举行的听证采取大体相似的模式。不过，治安法官除了要对羁押的合法性进行审查以外，还允许被告人提出保释的申请，并听取控辩双方就应否继续羁押、应否保释等问题的辩论，然后才能做出裁决。

在美国，警察对于被逮捕（无论是有证逮捕还是无证逮捕）的嫌疑人，必须立即将其送到最近的联邦治安法官或者州地方法官处。届时警察将提出起诉，并说明构成逮捕所必需的"合理根据"。联邦治安法官或者州地方法官将传嫌疑人出庭。这种出庭由于是嫌疑人第一次与法官进行的接触，因此通常被称为"第一次出庭"（the first appearance）。在听审过程中，法官将告知被告人被起诉的罪名，告知其所享有的诉讼权利，同时要作出是否将被告人保释的决定。对于轻罪案件，被告人在法庭上将被要求作出有罪答辩或者无罪答辩；对于重罪案件，初次出庭结束后，法官要证尽可能短的时间内安排预审。一般情况下，被告人委托或被指定的辩护律师须参与听审，警察方也有代表出席，双方可以就是否羁押、应否保释等问题进行辩论。

由于嫌疑人被捕后涉及羁押期间的延长问题，因此美国法律和判例要求警察在将嫌疑人提交法官面前问题上不得有"不合理的拖延"（without unnecessary delay）。在联邦和大多数州，嫌疑人被捕后如果超过 6 个小时仍没有被提交法官面前，其供述的自愿性就可能受到怀疑。当然，即使警察毫不拖延地向法官提出了起诉，法官安排第一次听审也需要一定的时间。一般来说，对于那些在警察局已经被保释的被告人，第一次出庭的时间为第二天；如果嫌疑人是在星期五完善被捕的，第一次听审的时间则为下一个星期一上午。①

三　日本

在日本，基于令状主义的宪法要求，建立了未决羁押的司法审查程序。司法警察、检察官将犯罪嫌疑人逮捕后，应在法定期限内，将其提交给法官，并提出羁押的请求。其中，司法警察实施的逮捕，经检察官审查后，提交法官的最长时间为72小时；检察官实施的逮捕，提交法官的时间最长为48小时。受理检察官的羁押申请后，法官应将指控的犯罪事实告知被疑人，并听取被疑人的陈述和辩解。这种由法官就羁押问题所作的讯问，在日本法上称为"羁押质问"。与英美等国的制度不同，日本法官就羁押问题所作的讯问是单独进行的，也就是在法院的羁押性讯问室，但检察官、司法警察都不到场的情况下进行的讯问。

在作出羁押决定之前，法官既要审查案件是否具备了羁押的实体条件，也要审查是否符合程序方面的要件。受逮捕前置主义的影响，法官还要审查业已完成的逮捕本身是否合法，以及逮捕后的羁押期限是否适当。因此，基于违法逮捕而提出的羁押请求是不合法的，应当予以驳回。经过审查，对于符合羁押条件的被疑人，法官经过羁押质问程序，决定采取羁押措施的，应当迅速签发羁押证。

四　两大法系国家的比较

通过前文介绍可见，两大法系逮捕犯罪嫌疑人均需要通过法定的程序，经法官批准，一般称为司法审查制度。审查逮捕过程中的司法审查是指，由专门的、中立的司法机构对侦查过程中侦查机关所实施的对人的强制措施进行审查，并对因遭受侦查机关违法采取的强制措施所侵害的人及时给予司法救济的制度。司法权是正义的最后一道阀门，在公民合法权益遭到国家权力的侵犯时，超然中立

---

① 李义冠：《美国刑事审判制度》，法律出版社2000年版，第23—24页。

的第三方作为正义的守护者，为公民提供获得救济的机会，向公民提供司法保护。由中立的第三方对国家权力的运行的合法性进行审查，制止公权力对私权利的侵犯行为，维护公民的合法权利。

西方国家的法官在司法审查中一方面要对业已结束的逮捕的合法性进行事后的审查，另一方面也要对羁押是否合法和必要作出事前的考量，并在被告人具备羁押条件时决定羁押的期限。这种司法审查程序在英美与大陆国家之间存在着一定的区别。例如，英美的司法审查严格遵守"不告不理"的诉讼原则，这一程序不由法官主动提起，而是在警察提交法官面前之后启动。当然，在诉讼模式方面已经走向对抗制的日本、意大利，也基本上使法官处于这种消极裁判者的角色。但在德国，侦查法官除根据检察官的申请启动审查程序以外，在一定法定情况下仍可以依据职权，主动对羁押的合法性和必要性进行审查，这显然受到了德国传统的职权主义的诉讼模式的影响。又如，英美的司法审查一般通过听证的方式进行，被告人、辩护人、警察等都要同时出席，提出意见并进行辩论。但德国和意大利的司法审查则采取法官讯问的方式进行，日本至今仍保留了法官进行"羁押质问"的制度，这种讯问或者质问都不具备开庭的形式，而是由法官单方面地向被告人提出问题。尽管辩护律师越来越多地参与进来，但这种讯问或质问仍然不具备基本的诉讼状态。

第三节　逮捕程序的设计

我国新刑事诉讼法对逮捕的条件作出了明确的规定，从逮捕的程序看，一般为检察机关对犯罪嫌疑人进行讯问后，通过书面审理，作出是否批准（决定）逮捕的决定，但并未构建出平等对抗式的诉讼模式，犯罪嫌疑人的权利缺乏充分保障。而且我国的逮捕等同于域外国家的逮捕和羁押的总和，因此，在程序设计上，我国要借鉴其他国家逮捕和羁押的程序。笔者拟构建一种准诉讼模式的听证程序，以适用我国现阶段的逮捕制度。

一　程序设计的理念

(一) 法治理念

法治是人类文明发展的结晶，也是社会进步的历史选择。法治思想源远流长。苏格拉底认为"正义是法律的一种美德"。"事实上，我们在判断一个规范或惯例是否公正时应用了另一种判断方式，而该方式使得惯例性规范可以接受理性的批判"。① 苏格拉底认为"遵守法律"是他和国家之间神圣的契约，这是他不能违背的。从中我们可以看出：首先，法治是指所有法律必须依从于某些抽象的、一般的、普遍性原则；其次，法治是指依法办事的原则，国家权力的组织、运行及其实现都必须有法律根据和依法而行；最后，法治是指对国家一切强制权力的有效限制，即政府在一切行动中都要受到事前规定并宣布的规则的约束，这些规则能够使人们在必需时明确地预测政府在某一情况下将使用强制权力，并据此来计划和安排个人事务。

具体到审查逮捕程序中，无罪推定原则、权力制约、人权保障思想都是现代法治精神的体现。因此，在设计审查逮捕的程序中，必须坚持有法可依和有法必依的原则，合理设计、建构审查逮捕程序，充分保护犯罪嫌疑人的权利，从实体的审查到程序的应用，从启动、决定到救济，所有的环节、所有的方面均要有明确的法律规定。动态的法治最基本的启动和维持力量是治者从法。国家的立法、行政、司法机关以及所有国家机关的行为都处于法律的调整之下，必须严格按照法律的规定履行职责，不能有超越法律的特权。法治国最理想的状态就是国家行为和争议能够通过司法的途径来进行解决。我国检察机关属于司法机关，在审查逮捕阶段，由检察机关受理和审查侦查机构提出的逮捕申请，即是通过司法对国家行为

---

① ［美］特伦斯·欧文：《古典思想》，覃方明译，辽宁教育出版社 1998 年版，第94 页。

的一种确认,是具有中国特色的司法制度。

(二) 分权制衡理念

法国《人权宣言》曾指出:凡分权未确立、人权未保障的社会就不是法治社会。由此,分权制衡理论的重要性可见一斑。考虑到尽管法治是以法律为国王,是由法律以其规范制约国家机关和整个社会,但正如孟子所言,"徒法不能以自行"。法律最终要由统治者去施行。"一切有权力的人都容易走向滥用权力,这是一条千古不变的经验。有权力的人直到把权用到极限方可休止"。① 由于公共权力相对脱离人民,容易给人民带来损害甚至巨大灾难,为了防止某一国家机关或者个人的独裁和专制,人民必然要求对权力进行分工并制衡,从而防止权力滥用。基于对权力特性的认识,当代的法治国家通过有效的法律手段将政府机构的权力作出系统的分配,并且建立相互制衡的法律制度,使政府机构的各机关的职权明确,从而使各机关可以更有效地履行政府职责。权力分工的类型有很多种,但当今大多数国家采用的都是三权分立,即将国家权力划分为立法权、司法权与行政权,三者相互监督和制约。美国 1780 年的马萨诸塞州权利法案第 30 条对此有一个简要的解释"在这个国家的政府里,立法部门永远不能行使行政和司法权或二者之一;行政永远不能行使立法和司法权,或二者之一;司法永远不能行使立法和行政权,或二者之一。其结果它就可能是一个法治的而不是人治的政府。"

在我国审查逮捕阶段,这种分权制衡主要体现在侦查机构享有侦查权,检察机关享有检察权,检察权即具有司法权的属性,又承担法律监督的职能。审查逮捕过程中,作为侦查主体的公安机关或检察机关自侦部门,希望借助强制措施提供工作便利、提高工作效能,倾向于选择逮捕的强制措施。但逮捕的强制措施与犯罪嫌疑人

---

① [美] 罗斯科·庞德:《普通法的精神》,唐前宏等译,法律出版社 2001 年版,第 51 页。

的生命、财产及自由紧密相关，所以必须给予具有强势地位的侦查主体必要的限制和监督，避免权力被滥用，造成国家和人民"两败俱伤"的结果。因此，由检察机关对侦查权进行必要的审查，以防止其权力被滥用。通过国家法律监督机关对国家权力机关的行为的监督和制约，促进国家权力的运用符合法律的规定。

（三）正当程序理念

从法学范畴上，程序主要体现为按照一定的时序、时限和方式作出某种决定的相互关系。即程序是由时空要素所构成的统一体。程序的时间要素包括时序和时限。空间要素包括关系与方式。其中，关系是指主体及其行为的确定性和相关性，① 是程序的核心要素。程序的完备程度可以视为法制现代化的一个根本性的指标。② 程序与价值因素结合起来考虑，就涉及程序的"正当性"或"正义性"问题。价值是程序的灵魂。正当程序蕴含着公正、公平、合理、民主、自由、人权等诸多价值，以维护当事人的基本权利和人格尊严为价值取向，本身所体现出来的价值是实体公正所无法取代的，也是获得实体公正的根本保证。

法律程序具有限制权力恣意行使的"限权"功能。因为公共权力的行使往往伴随着对个人权利的现实侵犯和潜在危险，故而，程序对于公共权力而言，即是一种行使障碍。确立司法审查机制是正当程序理念的必然要求，是法治与正义原则在未决羁押程序中的具体落实。英国有一句闻名于世的法谚："正义不仅应得到实现，而且要以人们看得见的方式加以实现"。也就是说，案件结果不仅符合公平、正义的标准，而且还要使人们感受到判决过程的公平和正义。这即是正当程序理念。

虽然在审前阶段，正当程序无法完美实现，但在逮捕审查程序中，正当程序理念仍然能够发挥价值。国家在剥夺公民人身自由

---

① 孙笑侠：《程序的法理》，商务印书馆 2005 年版，第 15 页。
② 季卫东：《法治秩序的建构》，中国政法大学出版社 1999 年版，第 18 页。

时，必须经过正当、合法的程序；未经法律规定的程序，国家不得剥夺公民的人身自由，以防国家权力的恣意乱为。因此，在刑事诉讼中，有关国家机关及其工作人员有义务提前告知当事人所享有的各项诉讼权利及案件处理的司法程序，并及时通知其任何可能受到的指控，以便其做好准备，以适当的方式向法官表达其诉求和主张。① 侦查机关必须遵循法定的刑事诉讼程序展开追诉活动，在对犯罪嫌疑人采取逮捕等涉及其人身自由的强制性措施时，侦查机关不能单方面决定，而必须经过中立机关的司法审查，并且，犯罪嫌疑人及其律师也有权在中立机关的介入下，到场充分地陈述自己的理由、提出自己的意见、表达自己的诉求，并由双方进行公开辩论，在此基础上由中立的机关最终作出决定。

我国现行宪法关于公民基本权利的原则性宣言与西方国家的表述没有根本差异，但是在执行结果上存在着一定的差异。究其根本，是因为这些权利义务根据什么标准和由谁来确定、对于侵权行为在什么场合以及按照什么方式进行追究等程序性前提的规定一直残缺不全……在冲突双方力量悬殊的情况下，关键的问题就不再是冲突的解决，而是冲突解决的方式，即如何在冲突解决过程中限制国家权力，保障公民的个人权利，特别是宪法权利。具有使公权力与私权利之间理性化沟通功能的法律程序，作为联系国家与公民个人之间关系的纽带，使得检察官、犯罪嫌疑人、辩护人、侦查人员、证人等，都参与决定的过程，而不是由任何一方单方决定，权力主体与相对人在程序中形成了对话与抗辩的关系，各方当事人的主张和异议都可以得到充分表达，各种价值和利益因素都可以得到综合考虑和权衡，当事人的不满被过程充分吸收，这样的程序才能赢得参与者及公众的信任、依赖和服从。

二　审查逮捕的主体

在哲学上，主体与客体作为一对密不可分的关系存在，离开主

① 李心鉴：《刑事诉讼构造论》，中国政法大学出版社 1997 年版，第 55 页。

体即无所谓客体，离开客体即无所谓主体。审查逮捕程序中的司法审查客体，即是审查逮捕程序中司法审查的对象，系前一章节中论述的审查逮捕过程中证明的对象。法律意义上的主体是指，依法享有权利并承担义务的法人、自然人及组织。在刑事诉讼中，所谓"刑事诉讼主体，就是根据法律规定和诉讼的需要，有资格进入刑事诉讼，享有一定诉讼权利、承担一定诉讼义务，并能够通过实施诉讼行为形成一定刑事诉讼法律关系的法人、自然人及组织"。①

由于各国的逮捕程序均建立的了司法审查制度，因此许多学者主张要将司法审查制度引入我国，并照搬其他国家的司法审查制度，由法官决定是否对犯罪嫌疑人实施逮捕。对此，笔者持有不同意见。

由于各国的宪政体制、历史和文化传统、社会经济情况等方面的差异，不同国家的司法审查制度在形式、内容、审查对象等方面不完全相同。从国外的理论与实践上看，"在英美法系和大陆法系国家司法审查的主体通常由法官担当，在一些大陆法系的国家有时检察官也行使一定的司法审查权。由于各国的宪政体制、历史和文化传统、社会经济情况等方面的差异，不同国家的司法审查制度在形式、内容、审查对象等方面不完全相同，但由于其从总体上讲是追诉机关，故在诉讼理论上并不将其作为严格意义上的具有典型特征的司法审查权的主体"。② 国外所说的司法审查，一般就是指法院所进行的审查。但是在当代中国，司法权通常被认为是"国家行使的审判和监督法律实施的权力"，统一行使司法权的机关不仅包括各级人民法院、法律上还包括人民检察院。

具体到审查逮捕程序，关于司法审查权的主体主要有两种认识倾向。一种倾向认为，检察机关是我国的法律监督机关，在侦查程序中拥有批准（决定）逮捕的权力，即检察机关担负一定的司法审

---

① 姚莉：《刑事诉讼法》，中国政法大学出版社 2006 年版，第 25 页。
② 宋英辉、樊崇义：《刑事审前程序中裁判权及其主体刍议》，《诉讼法学新探》，中国法制出版社 2000 年版，第 490 页。

查职能，因此检察机关可以视为司法审查权的主体。另一种倾向认为，检察机关在刑事诉讼中承担了多种职能。在刑事审前程序中，公安机关和检察机关各自独立决定有关刑事追诉方面的事项，缺少必要的制约和平衡机制。公检法三机关"流水作业"似的司法构造，实际上将法院排除于审前程序之外，这直接导致了审前诉讼程序中主体的缺位。因此，应当改革这种现状，确立法院在审查逮捕程序中的地位，由法院充当审查逮捕程序中司法审判权的主体。

笔者赞同第一种观点。理由如下：

一是检察机关是司法机关。依据我国宪法规定，人民检察院是法律的监督机关，从性质上属于司法机关。虽然西方国家多将检察机关视为侦查机关，但检察权具有行政和司法的双重属性的理论，在世界各国学界已经形成通说。在中国特色的社会主义司法制度下，检察机关以法律监督职能为主，检察权偏向司法权，在审查逮捕程序中，检察机关担当司法审查的任务的同时履行了法律监督职能，司法资源最大化配置，科学合理。

二是检察机关审查逮捕有实践基础。事实证明，检察机关负责审查逮捕，近年来对逮捕率进行了一定的控制，不捕率得以提升，起到了积极作用。从法律规定看，在本次刑事诉讼法修改之前，我国刑事诉讼法律并未作出修改，但逮捕率却得到控制，主要是我国的经济和社会形势发生了变化，国家根据社会发展情况提出了新的刑事政策和司法要求，检察机关对审查逮捕的工作方向进行了调整，更加与时俱进，符合时代发展的脉搏。也就是说，在中国特色的法治体制下，逮捕工作的现状成因并不是权力配置的问题，这一状况的形成其一是法律制度不够完善和健全，没有创设犯罪嫌疑人与侦查人员平等的对话的平台，也没有赋予犯罪嫌疑人相应的救济机制；其二是我国法治进程决定司法人员（包括法官、检察官）和警察的法治观念需要逐步转变，干警素质和业务、能力建设需逐步加强；其三是这种法治理念生存的土壤，即我国社会民众对执法效果的接受能力也要逐渐得以增强。总之，法治进步需要必要的时间。

三是在审查逮捕阶段，检察机关具有中立性地位。从审查逮捕的角度，无论是公安机关作为侦查机关，还是下级检察机关自侦部门侦查的案件，检察机关侦查监督部门都是独立的一方，与审查结果并无直接的利害关系，完全可以保证中立的地位。只因检察机关除审查逮捕外，又承担起诉、职务犯罪侦查的职能，便批判检察机关缺乏超脱性和必然的中立性，理由不够充分。如果因为检察机关的公诉部门承担控诉的职能，即推断出检察机关为履行下一步的控诉职能，侦查监督部门审查逮捕不具有中立性，那么，按照这一逻辑，如果将审查逮捕职能配置给法院，由法院进行司法审查，那岂不是由于法院负责逮捕审查的部门作出了逮捕的决定，法院的审判部门就一定会作出有罪判决，更加影响法院的中立性呢？由于现在的错案追究机制，错误的逮捕国家需要承担赔偿责任，将被作为错案追究，那更为严重的结果，是因为后一环节考虑到前一环节，导致最终的判决结果失去了中立和超脱。这样的权力配置便更加不可取。

综上，笔者认为各国国情不同，导致在社会管理、法律制度方面存在一定的差异，这是事物发展的必然。在社会科学理论研究方面，我们必须从实际出发、从国情出发，要借鉴先进国家的理念，但在制度方面不可照搬照抄，东施效颦。由检察机关侦查监督部门进行逮捕的审查，是符合我国的国情和现状的一项法律制度。

三 逮捕的听证程序

美国学者罗尔斯认为：程序正义具有纯粹、完善和不完善三种表现形式。第一种表现形式意思是以体现完全的公平、正义为主要内容，不通过除此之外的其他因素来判断，因此，在任何情况下，第一种表现形式都是公平、公正的，与最终的结果没有关系，这是由该种表现形式自身因素所决定的。而第二种、第三种表现形式都存在判断条件，由已设定的条件制约，它们的区别在于第二种表现形式是一种一直可以达成最终结果的程序。而第三种表现形式所体现的内容是：无法获得一直确保可以达成最终的结果的程序。罗尔斯提出，在刑事诉讼程序方面，就算是程序方面公平公正执行，法律方面被谨慎地遵守，但结果还是有可能发生偏差，这就可以被称为不完善的程序正义。① 因此可见，逮捕审查程序中，无论是否具有独立和准确的法律判断标准，正当的程序是必须存在且是最为关键的，是一种不完善的程序正义。笔者建议我国逮捕审查阶段应当通过逮捕听证程序实现程序正义。所谓听证程序是指在作出某种处罚或者决定前由主持方充分听取有利害关系的各方意见，并进行综合评判，以此决定是否该作出某项决定。具体到逮捕听证程序，系一种体现诉讼中的三方构造，由检察机关侦查监督部门做裁决的中立机构，侦查机构和犯罪嫌疑人方分别为控辩双方的程序构造。裁决方要求具有类似于法官的中立性，主持听证程序并做出决定。

（一）逮捕听证程序的现实可行性

根据现行法律规定，逮捕阶段开展听证程序，已经具备可操作性。一是有法律依据。《刑事诉讼法》第 33 条规定，"犯罪嫌疑人自被侦查机关第一次讯问或者采取强制措施之日起，有权委托辩护人……"这为审查逮捕程序听证程序的搭建做了铺垫，辩护人参与到逮捕程序之中，为逮捕听证程序的平等对话建立了基础，增强了可行性。二是有实践基础。检察机关侦查监督部门提审犯罪嫌疑人的工作已经全面开展，虽然审查逮捕程序仅 7 天的时间，但目前的提审工作可以有序进行，说明开展听证程序，从工作量及办案期限的角度，检察机关侦查监督部门依据现有力量完全可以推行逮捕听证，其仅是一种工作程序、工作模式的变化，不必带来很大程度的人员、组织结构、工作内容等大的变化。而且法律规定侦查监督部门在提审犯罪嫌疑人的时候需 2 人提审，而听证工作仅由 1 名案件承办人主审即可，未超出原工作负荷，具有可行性。

---

① ［美］约翰·罗尔斯：《正义论》，中国社会科学出版社 1988 年版，第 79—82页。

（二）逮捕听证程序的启动

逮捕听证程序的启动可以分两种情况，一种是检察机关依职权的启动，另一种是犯罪嫌疑人方依权利的启动。由于现阶段，我国公民普遍存在法律观念及法律知识较弱的情况，为避免犯罪嫌疑人方滥用逮捕听证程序，造成不必要的司法资源的浪费，笔者认为逮捕听证程序的启动以检察机关依职权启动的模式为主。故此，设定如果犯罪嫌疑人方依权利启动逮捕听证程序，听证程序经过的时间不计算在法定的拘留和审查逮捕期限之内，避免听证程序的滥用，期待那些明知犯罪性质、情节比较严重的犯罪嫌疑人，为了避免不必要的羁押，会自动选择或在律师的建议下放弃听证。

在下述五种情况下，检察机关应当启动听证程序：一是不能清楚地界定犯罪嫌疑人是否犯罪。不能清楚的界定犯罪嫌疑人是否犯罪，首先是指警察和检察官就犯罪嫌疑人的行为是否构成犯罪产生两种不同的观点，警察通常会以如果不对犯罪嫌疑人进行逮捕将会对案件调查产生影响，并且使受害者的合法权益受到侵害为理由让检察官批准逮捕申请，如果遇到此种情形，则检察官应当发起听证程序；其次是不容易判断犯罪嫌疑人是否构成犯罪，或者是犯罪嫌疑人就算构成犯罪但犯罪情节并不严重。因此，不能清楚的界定犯罪嫌疑人是否犯罪的情况发生时，为了保障受害者及犯罪嫌疑人的合法权益，检察官应当发起听证程序。二是有线索或者证据表明某据以定罪量刑的证据为"非法证据"的，通过侦辩双方的充分辩论，能够相对准确判决证据是否存在"非法性"，故此检察机关应当启动听证程序。三是已经构成犯罪，但有可能判处有期徒刑以下刑罚或免除刑罚的；或依法可以取保候审的，经犯罪嫌疑人及其律师提出听证申请可以举行听证。四是犯罪嫌疑人为特殊群体的，如未满 18 岁的未成年人、残疾人、已经年满 75 岁的老年人，这些特殊群体理论上均不具有逮捕必要性，故检察机关应当启动听证程序。五是未被拘留的犯罪嫌疑人申请适用逮捕及拟附条件逮捕、延长侦查羁押期限的，未被拘留的犯罪嫌疑人因其在侦查伊始便未被采取限制人身自由的强制措施，在下一步的侦查过程中是否有限制人身自由的必要值得重点关注。附条件逮捕和延长侦查羁押期限均因对犯罪嫌疑人的权利侵犯的程度略大一些，更需要通过适当的程序来实现。如果犯罪嫌疑人方提出申请启动逮捕听证程序，检察机关审查后发现符合上述五种情形之一的，亦应依职权启动逮捕听证程序。此种情况下，则视为依职权启动逮捕听证程序，举行听证程序的时间计算在法定的拘留和审查逮捕期限之内。

（三）逮捕听证程序的运行

在侦查机构第一次讯问犯罪嫌疑人之际，即应向犯罪嫌疑人告知其应享有的权利，包括聘请律师的辩护权及启动逮捕听证程序的权利，并告知检察机关依职权启动逮捕听证程序的几种情况。在侦查机构决定申请逮捕的强制措施之前一天，应当再次讯问犯罪嫌疑人，讯问其是否要求启动听证程序，如果犯罪嫌疑人明确表示不需要启动听证程序的，要求记录在卷，并由犯罪嫌疑人签字按捺。如果犯罪嫌疑人要求启动听证程序的，则犯罪嫌疑人应在相应的文书上签字按捺，并将文书随卷移送至检察机关审查。此外，看守所等羁押场所和讯问场所，应当悬挂犯罪嫌疑人的权利义务告知书，让犯罪嫌疑人充分了解其享有的诉讼权利。

逮捕听证前程序如下：第一，侦查机构向检察机关侦查监督部门提交逮捕申请书，并移送全案卷宗，提出请求逮捕犯罪嫌疑人的要求，申请侦查监督部门对犯罪嫌疑人的逮捕必要性进行审查。第二，检察机关侦查监督部门受案后，确定案件承办人。案件承办人为避免与案件结果存在利害关系，适用回避制度。第三，如果犯罪嫌疑人不要求启动听证程序，案件承办人通过阅卷后，可以通过提审犯罪嫌疑人，复核案件的情况等方式决定是否启动听证程序。第四，如果经犯罪嫌疑人申请或检察机关依职权启动听证程序，检察机关案件承办人阅卷后，应确定听证时间，并通知侦查机构和犯罪嫌疑人。如有必要，还可以通知证人、被害人及其诉讼代理人。召集侦查机构和犯罪嫌疑人召开听证会，对于普通刑事案件，检察机关案件承办人 1 人即可，如果案件疑难复杂，如非法证据排除、延长侦查羁押期限、构罪与否等，检察机关承办人可以要求组成听证小组，听证小组由 3 人组成。第五，听证会的时间确定在审查逮捕期限之内，听证会的地点最佳方案是设置在检察机关的办案场所。因为羁押场所会给犯罪嫌疑人压抑感，侦查机构的办案场地缺乏中立性的特定。但因涉及犯罪嫌疑人的押运等实际困难，在条件成熟前，可考虑在羁押场所设置专门的听证室，以供听证使用。检察机关在确定听证的时间和地点后，要书面通知侦查机构及犯罪嫌疑人及其辩护人。如果时间紧急，亦可电话通知或由驻所检察机构代为通知，但应记录在案。

　　听证会的程序可仿照简易程序开庭的过程。秉承程序公开、公正和辩论的原则，由侦查机构先宣读报捕申请书，提出主张和证据，重点论证逮捕的必要性，随后由犯罪嫌疑人及其辩护人进行辩护，重点就逮捕的必要性提出异议，就不具有逮捕的必要性提供证据，以及提出排除非法证据的要求。听证程序的证明责任按照前文所述原则分配，听证过程中，各方围绕是否应当对犯罪嫌疑人实施逮捕，如果不逮捕犯罪嫌疑人是否将产生严重后果等内容，进行充分的辩论，之后检察机关结合相关证据及相关方的辩论意见，来最终决定批准或者不批准对犯罪嫌疑人实施逮捕。整个听证程序需要予以记录在案，由相关当事人署名，与证据材料一并随案移送，作为起诉、审判环节作出裁量决定的依据。

（四）逮捕听证程序的结果及执行

　　听证会结束后，检察机关侦查监督部门根据掌握的情况，决定是否需要逮捕犯罪嫌疑人。如果批准（决定）对犯罪嫌疑人进行逮捕，由案件承办人提出意见后经检察长批准，出具批准（决定）逮捕意见书。疑难复杂案件，由听证小组提出意见，经检察委员会讨论决定，签署批准（决定）逮捕意见书。如果检察机关侦查监督部门不批准（决定）对犯罪嫌疑人进行逮捕或者不予逮捕犯罪嫌疑人，亦出具相应文书。侦查机构收到文书后，根据检察机关侦查监督部门的意见制作逮捕证执行逮捕或释放犯罪嫌疑人、变更强制措施。

（五）逮捕的救济程序

新刑事诉讼法仅赋予了侦查机构不服检察机关不批准逮捕的决定，进行复议复核的权力，犯罪嫌疑人则没有相应的权利。笔者认为，侦查机构和犯罪嫌疑人方应当权力（利）对等。如果侦查机构或者犯罪嫌疑人方不服检察机关侦查监督部门作出的决定，可以在执行后的7日内向作出原决定的检察机关侦查监督部门要求复议，如果检察机关侦查监督部门复议决定维持原决定，则可在收到复议决定后7日内向上一级检察机关侦查监督部门申请复核。复议和复核采取书面审查的方式进行。特殊情况下复核适用听证程序。执行逮捕后，犯罪嫌疑人方仍可提出羁押必要性审查。羁押必要性审查可以采取书面审查的方式，是否启动听证程序，由该阶段具有决定权的主体确定。如决定采取听证程序，则参照逮捕程序进行。

第四节　特殊情况下的审查程序

一　延长侦查羁押期限的审查程序

新刑事诉讼法规定，对犯罪嫌疑人逮捕后的侦查羁押期限不得超过二个月。案情复杂、期限届满不能终结的案件，可以经上一级人民检察院批准延长一个月，即所谓的"一延"。如存在下述情况，且在三个月的侦查期限届满不能侦查终结的，经省、自治区、直辖市人民检察院批准或者决定，可以延长二个月：（一）交通十分不便的边远地区的重大复杂案件；（二）重大的犯罪集团案件；（三）流窜作案的重大复杂案件；（四）犯罪涉及面广，取证困难的重大复杂案件，一般称之为"二延"。对犯罪嫌疑人可能判处十年有期徒刑以上刑罚，依照本法第156条规定延长期限届满，仍不能侦查终结的，经省、自治区、直辖市人民检察院批准或者决定，可以再延长二个月，即所谓的"三延"。

　　从目前的实践看，以某省 2012 年延长羁押期限的情况为例，全省延长侦查羁押期限的比例约为 4%，其中依据新刑事诉讼法第154 条对犯罪嫌疑人延长羁押期限，约占延长羁押期限总数的58.1%，占被逮捕犯罪嫌疑人总数的 2.27%，应该说，这并不是一个小数目。而实践中，延长羁押期限阶段，检察机关侦查监督部门不但不提审犯罪嫌疑人，而且不审查全部案卷材料，仅就侦查机构提交的申请等相关法律文书进行书面审查，延长羁押期限的成功率达到90% 以上，系对犯罪嫌疑人权利的严重忽视。即便是所犯罪行可能判处十年以上有期徒刑的犯罪嫌疑人，亦应在法定的期限内得到审判，未按法律规定进行的延长羁押，属于变相的超期羁押；而从另外一个角度，"迟来的正义非正义"的法谚，一直告诫着法律人依法及时对被告人作出裁断的重要性。

　　综上，笔者认为，延长侦查羁押期限环节，检察机关侦查监督部门必须启动听证小组的听证程序，开展控辩式的诉讼活动，以确保决定的正当性。

　　此外，延长侦查羁押期限的决定主体，一直是被诟病的话题，但此次刑事诉讼法仍未进行修改，依据现有法律规定，如果省级侦查机构立案侦查的案件，在依据新刑事诉讼法第 154 条"一延"时，需经最高人民检察院批准（决定）；而依据新刑事诉讼法第156 条、第 157 条"二延"、"三延"时，由省、自治区、直辖市人民检察院批准（决定）即可。故此，出现了"二延"、"三延"的审批机关低于"一延"的审批机关的情况，亦出现了"二延"、"三延"的审批机关可能为原批准（决定）逮捕机关的情况。此种情况，一是违背了层级审查原则，"二延"、"三延"比"一延"的审批条件更严格，对其审查也应更严格，体现在审批权限上"二延"、"三延"的审批机关级别应该更高而不能低；二是"二延"、"三延"为原审查批准（决定）逮捕机关，某种程度上有失公允。故笔者建议，对于侦查机关为省级侦查机构的案件，"一延"、"二延"、"三延"均应由最高人民检察院批准（决定），一是实践中省级侦查机关侦查的案件并不是很多，从工作量的角度应该可以承受；二是省级侦查机关侦查的案件从级别管辖的角度均为重特大案件，延长侦查羁押期限由最高人民检察院决定，亦便于最高人民检察院对案件情况进行监督和跟进。

二　附条件逮捕的审查程序

附条件逮捕是《人民检察院审查逮捕案件质量标准》（下称《标准》）中规定的一类情况，指"对于证据有所欠缺但已基本构成犯罪、认为经过进一步侦查能够取得定罪所必需的证据、确有逮捕必要的重大案件的犯罪嫌疑人"，这类案件需严格遵守程序，在通过公安机关补充侦查后，还是不能获得确实充分的证据时，需将逮捕的命令撤销。新刑事诉讼法未将附条件逮捕纳入到法律条文之中，但司法实践中仍在沿用。附条件逮捕是检察机关落实宽严相济的刑事政策，打击严重刑事犯罪的一种措施，其落脚点是"重大案件"。

2010 年度，全国检察机关适用附条件逮捕人数占全部逮捕人数的 0.29%。至 2011 年 6 月，案件已经审结的人数占附条件逮捕总人数的 50.4%。其中，附条件逮捕后撤销案件、不起诉的人数占总附条件逮捕总人数的 4.9%；附条件逮捕后判决有罪的占附条件逮捕总人数的 45.4%，其中，判处 3 年以下有期徒刑、缓刑、拘役或管制的占附条件逮捕总人数的 54.9%，判处 3 年至 10 年有期徒刑的占附条件逮捕总人数的 29.2%，判处 10 年以上有期徒刑、无期徒刑、死刑的占附条件逮捕总人数的 15.9%。[①]

附条件逮捕制度在打击严重刑事犯罪活动、维护社会和谐稳定、促进经济发展、保障被害人合法权益方面有其积极的作用，笔者不做重点论述。但从上述统计数据可见，附条件逮捕存在一定程度的超范围适用情况，且不论"重大案件"是指刑期为有期徒刑"三年以上"、"五年以上"，还是"十年以上"的标准，抑或是存

---

① 最高人民检察院：《全国检察机关 2010 年度审查逮捕工作中适用附条件逮捕情况的通报》。

在其他严重情节，从结果论，有近60%的案件，最终被告人被判处3年以下刑罚甚至撤案处理等未完成全部诉讼程序情况，从某一角度看，这部分犯罪嫌疑人可能不具备逮捕必要性，甚至不具备最基本的逮捕条件，却被施以"重典"——附条件逮捕，属于严重侵犯犯罪嫌疑人合法权利的典型。故笔者认为，在最高人民检察院坚持继续适用附条件逮捕的情况下，必须进一步规范标准，严格适用。附条件逮捕的案件，应该启动听证小组进行听证程序，且附条件逮捕在所附条件未能得到全部满足的情况下，不允许延长侦查羁押期限。

第四章　逮捕后的羁押必要性审查

《新刑事诉讼法》第 93 条增加了关于羁押必要性审查的规定，规定人民检察院对被逮捕的犯罪嫌疑人的羁押必要性进行审查，一方面，强化了对犯罪嫌疑人的权利保护，对不需要羁押的，建议释放、变更强制措施，另一方面，强化了检察机关的法律监督，由人民检察院进行审查，相关部门要将处理情况反馈给人民检察院。这是首次确立了检察机关对羁押必要性进行继续审查的制度。这对于强化检察机关的法律监督职能，切实保护犯罪嫌疑人、被告人的合法权利都具有非常重要的意义。但是，围绕羁押必要性审查的制度设计问题，当前各界还存在一些不同认识。由于羁押必要性审查涉及刑事诉讼中的不同阶段，从完整性的角度不便于完全割裂，故笔者论述的捕后羁押必要性审查，没有局限于审查逮捕阶段，而是涵盖了逮捕后的全部诉讼阶段。而对于犯罪嫌疑人被拘留后，审查逮捕之前的羁押必要性审查问题，笔者认为亦是有必要的，但由于其是捕前阶段，故笔者未予论述。

第一节　羁押必要性审查的内涵

在我国，羁押必要性审查是指对在逮捕后、判决宣告前阶段的犯罪嫌疑人、被告人羁押情况的正当性进行审查。我国的羁押必要性审查可以参照西方国家的未决羁押制度，但有两点不同：

一是由于按照我国法律规定，拘留的强制措施由侦查机构自行决定，拘留亦能造成犯罪嫌疑人被羁押 3—37 天的时间，且拘留的强制措施设定在逮捕的强制措施之前，而我国的羁押必要性审查仅指对被逮捕后的犯罪嫌疑人的羁押情况进行审查，并未涵盖对拘留阶段的审查，故不是完整意义上的对未决羁押必要性的审查。二是西方国家的未决羁押与逮捕相分离，是两个独立的强制措施，而我国的羁押与逮捕相依附，羁押是逮捕之后的状态，并不是独立存在。因此，笔者在论述西方国家的制度时，使用"未决羁押"，而在论述我国的制度时，明确为"捕后羁押"。根据我国法律规定，对羁押必要性审查主要指依据新刑事诉讼法第 93 条，检察机关具有的羁押必要性审查职能，其中又包括检察机关对犯罪嫌疑人、辩护人方提出的对变更强制措施的申请的审查和检察机关依职权对刑事诉讼各环节犯罪嫌疑人、被告人羁押正当性的审查依据法律监督职能，对是否具有羁押必要性进行监督的审查主体。

第二节   我国捕后羁押的特点

由于我国没有独立的羁押制度，因此我国的捕后羁押是伴随着逮捕一并前行的。捕后羁押的现状，也和逮捕的情况紧密相连。

一   捕后持续羁押

我国捕后持续羁押犯罪嫌疑人，变更强制措施比例很少。2006—2008 年，某省捕后持续羁押率约为 99％，捕后变更强制措施 409 件 491 人，占批捕人数的 0.92％。而 2009 年至 2011 年，捕后持续羁押率更是达到 99.9％，捕后变更强制措施 16 件 35 人，占批准逮捕总人数的 0.07％，捕后变更强制措施人数减少了 92.87％，如下表所示。

近年捕后变更强制措施统计表

	2006—2008 年	2009—2011 年	变化幅度（%）
案件数量（件）	409	16	− 96.09
犯罪嫌疑人数量（人）	491	35	− 92.87
占批捕比例（%）	0.92	0.07	− 92.39

前三年与后三年逮捕后持续羁押比率的差距，主要原因有二：一是随着刑事和解活动在审查批捕阶段的大力开展，促成了案件双方当事人的和解，减少了该部分案件逮捕的适用；二是根据最高人民检察院"两减少、两扩大"的意见要求，检察机关加强逮捕必要性审查，对轻微犯罪依法从宽处理，没有采取逮捕的强制措施。加强了无逮捕必要的审查，一部分无逮捕必要案件未批准（决定）逮捕，降低了逮捕的基数，捕后变更强制措施的减少，一方面说明了批准逮捕案件质量有所提高；从另一方面也折射出刑事诉讼法修改前对逮捕后犯罪嫌疑人、被告人权利保护的忽视，只要逮捕决定没有错误，捕后没有发生患重病等特殊情况，犯罪嫌疑人、被告人一般将处于持续被羁押的状态。

二 捕后变更强制措施原因相对集中

我国捕后变更强制措施原因多为公安机关自行决定，原因相对集中。逮捕后变更强制措施，除释放外，替代羁押的强制措施均为取保候审；仅超期羁押案件，被告人及其家属、律师可能提出变更强制措施申请，其余均由公安机关依职权变更。而近年来随着超期羁押清理工作的开展，超期羁押现象已经大大减少。捕后变更强制措施的主要理由也比较集中，一是交通肇事、故意伤害等涉及民事赔偿的轻微刑事案件，犯罪嫌疑人及家属积极赔偿，并与被害人达成和解；二是捕后发现犯罪嫌疑人患有重大疾病；三是已经批准逮捕的在逃犯罪嫌疑人主动投案自首，为体现刑事政策，不予批准逮捕。如2011年公安部门开展的"清网专项行动"便是如此；四是捕后证据发生变化、羁押期限届满等其他原因。

可见，刑事诉讼法修改前，因没有羁押必要性审查制度，缺乏对羁押必要性的审查，犯罪嫌疑人被逮捕后，如果没有刑事和解、重病、羁押期限届满等特殊情况出现，其被羁押的状况就不会再次被关注和审查，"以押代罚"现象普遍存在。而且，变更的依据集中在修改前的《刑事诉讼法》第51条、第60条和第74条，对于犯罪嫌疑人和被害人达成和解、犯罪嫌疑人出现法定从轻情节等情况发生，缺乏变更的法律依据。

三　捕后变更强制措施程序不规范

捕后变更强制措施操作不规范，监督缺失。公安机关在逮捕犯罪嫌疑人后变更强制措施，通知检察机关与否，通知检察机关的时间、内容各地执行情况不一。约有40%的案件，公安机关能够做到在变更强制措施后3日内通知检察机关；另有约10%的案件，公安机关在变更逮捕措施之前向检察机关通报；而有的地区，检察机关只有在搞专项检查时，才了解到犯罪嫌疑人已被变更强制措施的情况。此外，公安机关变更逮捕强制措施，并不向检察机关提供变更依据的证据材料，检察机关无从监督。

虽然逮捕后变更强制措施，是将最为严厉的强制措施变更为相对轻缓的强制措施，从人权保障的角度，更有利于犯罪嫌疑人、被告人的权利保护，应该尽量减少对其的约束和限制，避免因烦琐的程序设置导致犯罪嫌疑人、被告人被羁押的期限延长。但不规范的操作、监督的缺失，容易出现漏洞，滋生腐败；同时也破坏了法律的严肃性，损害了司法的公信力。

第三节　我国三段三审式审查模式

"只有那些以某种具体和妥切的方式将刚性与灵活性完美结合在一起的法律制度，才是真正伟大的法律制度。"① 羁押必要性审

---

① ［美］博登海默：《法理学：法律哲学与法律方法》，邓正来译，中国政法大学出版社2004年版，第424页。

查制度要达到真正将惩治犯罪与保障人权有机结合，还需要进一步细化和完善。依据我国法律规定，羁押必要性审查的主体为检察机关。对此，虽然仍有学者以不符合司法审查制度的内涵等理由予以抨击，笔者认为检察机关作为羁押必要性的审查主体是符合我国国情的制度构建，也具有现实操作性，相关理由在前述章节中已有涉及，在此不做赘述。笔者根据刑事诉讼程序的不同阶段，将羁押必要性审查制度概括为三段三审式的审查制度。

一　基本概念

（一）三段三审

结合刑事诉讼的不同阶段，捕后羁押必要性审查可以分为三个阶段讨论，一是侦查阶段，二是审查起诉阶段，三是审判阶段。针对这三个阶段，笔者认为在整个诉讼过程中，由于检察机关资源有限，不可能随时关注到被羁押犯罪嫌疑人、被告人的状态，从公正和效率相结合的角度，除受理犯罪嫌疑人、被告人、辩护人方随时提出的变更强制措施的申请、解除强制措施的要求外，检察机关应该在几个环节依职权进行羁押必要性的审查，而在侦查阶段又可以根据逮捕强制措施的适用为节点，在决定适用逮捕及逮捕之后分别进行审查，故整个诉讼过程中的羁押必要性审查由此简称"三段三审"。普通刑事案件，从犯罪嫌疑人被实施逮捕后，直至提起公诉，法定的期限为三个月，而"三段三审"的羁押必要性审查，亦是根据诉讼的不同节点，基本保障每一个月对犯罪嫌疑人、被告人的羁押必要性审查一次，既可以有效保障犯罪嫌疑人、被告人的权利，也能够提高效率，节约诉讼资源。

（二）审查程序的启动主体

所谓启动主体，是指羁押必要性审查程序的发起主体，刑事诉讼法中规定侦查机关在犯罪嫌疑人被采取羁押措施之后如果发现不应该对他们采取羁押措施的，应当立即将羁押措施进行变更，或者将犯罪嫌疑人予以释放，但需要通知原批准机关，并且还规定了犯罪嫌疑人、被告人及其法定代理人、近亲属或者辩护人有权向公检法机关申请变更强制措施的权力。由上述法律规定可知，犯罪嫌疑人、被告人及其法定代理人、近亲属或者辩护人可以成为羁押必要性审查程序的启动主体，人民法院、人民检察院和公安机关亦可以依职权成为羁押必要性审查程序的启动主体。程序启动，既包括变更强制措施的诉求，又包括解除强制措施的诉求，均属于羁押必要性审查的范畴。

（三）审查主体与裁决主体

羁押必要性的审查权和羁押与否的决定权，即羁押必要性的审查主体与羁押与否的裁决主体是必须厘清的两个概念，根据法律规定，检察机关对犯罪嫌疑人、被告人是否具有羁押必要性具有审查权，这是由于检察机关的法律监督职能派生出的权利，又由于检察机关的法律监督职能随着诉讼的推进，赋予了检察机关内部的不同部门，因此，笔者认为羁押必要性的审查主体是检察机关在该诉讼阶段的监督部门。同时，法律明确规定检察机关羁押必要性审查权对应的是建议权，而不是决定权，即"对不需要继续羁押的，应当建议予以释放或者变更强制措施。"而真正变更强制措施或释放犯罪嫌疑人、被告人的机关或部门才具有羁押与否的决定权，笔者称其为该阶段的裁决主体。审查主体与裁决主体均随着诉讼的不同阶段发生变化，可能分离也可能重合。

二　侦查阶段：一段一审

由于现行法律规定，犯罪嫌疑人、被告人被逮捕后，人民检察院应当对羁押的必要性进行审查，也就是现行法律语境下的羁押必要性审查的起始点为犯罪嫌疑人、被告人被实施逮捕之后。首先，在侦查阶段的审查逮捕阶段，由于该阶段尚处于证据的收集阶段，羁押必要性与逮捕必要性条件基本竞合，羁押必要性审查与逮捕必要性审查的内容亦基本相同，故检察机关侦查监督部门的逮捕必要性审查与羁押必要性审查可合而为一，公安机关提请或检察机关自侦部门报送审查逮捕案件时，要同时向检察机关移送证明逮捕必要性即羁押必要性的证据材料，故将这一环节称为逮捕必要性审查，不作为羁押必要性审查表述。而在检察机关批准或决定逮捕之后，犯罪嫌疑人被羁押，且完全处于侦查机构的控制之下。在犯罪嫌疑人被逮捕后，直至向检察机关移送起诉之前，这一阶段，仍属于侦查阶段，也是羁押必要性审查的第一阶段。这一阶段，一般情况下，法定的侦查期限为两个月，也就是犯罪嫌疑人被实施逮捕后的可能羁押期限，如果遇到法定情形，需要延长羁押期限或者重新计算羁押期限的，这一阶段的羁押期限就具有很大的不确定性。延长羁押期限和重新计算羁押期限的问题笔者将在下文进行论述，此节仅论述一般情况下的羁押必要性审查，即在实施逮捕后到移送起诉前的阶段。在审查逮捕阶段，案件的证据情况并不十分完备，由于收集和固定证据的需要，往往会体现出对犯罪嫌疑人具有逮捕的必要性，但是随着案件侦查的深入，证据情况进一步明朗，犯罪嫌疑人被继续羁押的必要性也会发生变化。为了体现对犯罪嫌疑人人身权利的保护，避免侦查机构在检察机关侦查监督部门批准（决定）逮捕后，便将案件搁置，集中精力去侦破其他案件，导致诉讼的拖延，检察机关应该在批准（决定）一个月后，依照职权对案件的情况进行复查，主要是进行羁押必要性的审查。审查的重点范围是可能判处有期徒刑三年以下刑罚的案件，因为此类案件，本身社会危险性不是很大，犯罪嫌疑人的主观恶性也相对较小，收集证据的复杂程度相对较轻，更容易在相对短的时间内结案。从某省2009—2011年的相关数据看，批捕率为83.02%，捕后撤案、不起诉、判处拘役、管制、单处附加刑、免予刑事处罚、无罪的人数占批捕数的9.89%，捕后判处缓刑的人数占批捕数的18.23%，一审判决十年以上有期徒刑、无期徒刑和死刑的人数占批捕数的比例为9.89%，而其他约61.99%的被逮捕的犯罪嫌疑人、被告人，被判处三年至十年的有期徒刑。鉴于此，笔者认为此阶段重点审查的是前两项，合计约 28% 的被实施逮捕的犯罪嫌疑人的羁押必要性，适时变更强制措施。

审查的内容，一是要审查侦查机构在检察机关批准（决定）逮捕后，有无需要补充的证据，是否补充了证据，这也是为了督促侦查机构能够及时办理案件，切实维护犯罪嫌疑人权益，避免不合理的拖延；二是审查在审查逮捕阶段的证据是否发生了变化，如果证据发生变化，犯罪嫌疑人定罪或量刑改变，羁押的必要性发生变化，就要及时作出变更强制措施的建议，及时纠错；三是要审查案件的证据是否已经全部收集完毕，如果案件的证据已经收集完毕，并且有效固定，犯罪嫌疑人无论是否处于羁押状态，都不会影响到对其定罪量刑，且犯罪嫌疑人也不具有脱逃危险的，可以视为无继续羁押的必要性。

在此阶段，由于对侦查行为和侦查活动进行监督是检察机关侦查监督部门的职能，故检察机关侦查监督部门是审查主体。主张由侦查监督部门承担这一职责，还有一个原因是这一制度应当与侦查监督部门负责的审批延长侦查羁押期限工作相衔接。尽管法律规定的延长侦查羁押期限的条件中并没有羁押必要性条件，但实践中延押审查和羁押必要性审查是有密切关系的，如果经审查没有继续羁押的必要，一般不会批准延押，因此继续羁押是否必要，实际上也是延押审查的重要内容。由侦查监督部门同时做这两项审查工作且相互衔接，对侦查机构的制约会比较大，效力比较强。另外，我们在实践中对适用附条件逮捕的案件实行了跟踪监督，发现不应当继续羁押的要求立即撤销逮捕，这虽不完全等同于新刑事诉讼法规定的羁押必要性审查制度，但其中也包括了对继续羁押必要性的审查，为落实羁押必要性审查制度摸索积累了经验。总之，在侦查阶段由侦监部门负责这项工作，可以体现出侦查监督应有的刚性，可行性较强，工作成本也较低。一方面，检察机关侦查监督部门可以依据职权，在批准（决定）逮捕后的一个月进行羁押必要性审查，另一方面，检察机关侦查监督部门可以通过受理犯罪嫌疑人、辩护人方的变更强制措施申请进行羁押必要性审查，检察机关侦查监督部门以原批准（决定）逮捕的层级为宜，因为原批准（决定）逮捕部门对案件的情况相对熟悉和了解，便于跟踪和纠错。而公安机关或者检察机关自侦部门作为侦查机构，是该阶段的裁定主体。检察机关侦查监督部门提出变更强制措施的建议后，由侦查机构最终决定是否变更强制措施。

当然，从前述要求的一个月的时间节点之后，到侦查机构移送审查起诉期间，按照法律规定，理论上还有一个月的时限，在这一个月里，检察机关侦查监督部门仍要对犯罪嫌疑人的羁押必要性进行关注，但可以不必依职权主动进行审查，而是依据犯罪嫌疑人、辩护人方的申请或者从其他途径获取的犯罪嫌疑人可能不具有羁押必要性的信息进行审查并给予建议。

三 审查起诉阶段：二段一审

侦查机构将案件移送起诉，案件进入到审查起诉阶段，也是羁押必要性审查的第二个阶段。在审查起诉阶段，移送审查起诉后，检察机关公诉部门在审查犯罪嫌疑人罪与罚的同时，也要审查被羁押犯罪嫌疑人的羁押必要性，对于没有继续羁押必要的犯罪嫌疑人给予变更强制措施，此谓羁押必要性审查的"二段一审"。在此阶段，鉴于公诉部门审查起诉的职能，有代表国家指控犯罪的层面，也有对侦查机关进行法律监督的层面，两者相比，更重于法律监督。同样，出于职能具备、工作衔接恰当、具有可操作性且工作效率高、节约司法资源和成本低考虑，建议将审查起诉阶段的羁押必要性审查职能赋予检察机关的公诉部门。且在此阶段，检察机关公诉部门有权力对不符合起诉条件的犯罪嫌疑人作出不起诉决定，故同样有权力作出变更强制措施的决定。因此，这一阶段羁押必要性审查主体与羁押与否的裁决主体重合，为检察机关的公诉部门。由于检察机关公诉部门在受理案件后，要办理换押手续，即向看管场所出具法律文书，以证明案件的诉讼环节，并重新计算羁押期限。故检察机关公诉部门应在案件受理后立即进行羁押必要性的审查，对不具有羁押必要性的犯罪嫌疑人及时变更强制措施。当然，在此阶段，检察机关公诉部门亦要受理犯罪嫌疑人、被告人方随时提出的变更强制措施申请，并审查决定是否变更强制措施。

在此阶段，审查的重点范围有所扩大。除前文所述，近28%的可能被判处轻缓刑的犯罪嫌疑人外，还要重点审查其余约62%的可能判处三至十年有期徒刑的犯罪嫌疑人及附条件逮捕的犯罪嫌疑人。由于侦查已经终结，在审查逮捕阶段，附条件做出的逮捕决定，如果在侦查终结仍未满足逮捕条件的，应当立即变更强制措施。如果检察机关公诉部门在审查中，认为虽然逮捕所附条件未能全部满足，但是案件现有证据足以对犯罪嫌疑人定罪量刑，且犯罪嫌疑人可能判处有期徒刑以上刑罚，又具有羁押必要性的，也可以决定继续羁押。

笔者认为，在审查起诉阶段，案件的证据材料都比较明确，案件的可能走向也相对明朗，对于前述近28%的可能判处轻缓刑的犯罪嫌疑人，无特殊情况的，均可视为无继续羁押的必要性，由检察机关公诉部门予以变更强制措施，这样可以进一步降低诉讼成本，最大化减少审前羁押对法院判决的影响，因为司法实践中，确实存在法院对犯罪行为较轻的犯罪嫌疑人量刑时，会充分考虑其在审前已经被羁押的期限来确定最终的刑期，影响了司法的公正性。适时变更强制措施，亦有利于犯罪嫌疑人尽早返回社会，避免被交叉感染，有利于对犯罪嫌疑人的教育和挽救。而对于另外62%的可能被判处三至十年有期徒刑的犯罪嫌疑人，则需要检察机关公诉部门进行认真的研判，权衡案件的利益相关方，最终做出裁决。

进行羁押必要性审查，要遵循利益权衡原则。利益权衡原则是指刑事诉讼中的相关利益主体根据对不同利益权重的认识，对这些利益取舍所做的选择，它既是一项立法原则，也是一项司法原则。利益权衡原则要求在进行权衡时，一般应当选择总体利益或个案中的程序保障而放弃惩罚的个别利益。某些情况下，如果放弃个别利益中的某些利益会危及根本性利益而产生利益冲突，就应当顾及个别利益；但是，放弃具体案件中对犯罪的控制会危及根本性利益时，应顾及具体案件中对犯罪的控制。① 在审查起诉阶段，犯罪嫌疑人是否需要被继续羁押，既涉及犯罪嫌疑人个人的人身自由，又涉及是否能够保障国家对犯罪行为的顺利惩治以及受损害方的利益和情感接受程度，利益呈现多元化，涉及国家权力和个人权利的衡平，控制犯罪和保障人权的统一，公正和效率的契合，裁决者的利益权衡构成了司法活动中权衡问题的核心或主体。通过羁押必要性审查，在确保犯罪嫌疑人、被告人不实施妨碍刑事诉讼顺利进行的同时，变更强制措施，为犯罪嫌疑人、被告人留存一定程度的人身自由，既保障了犯罪嫌疑人、被告人的个别利益，又实现了对犯罪的控制和国家根本利益的维护。

　　检察机关公诉部门的羁押必要性审查还要遵循优先适用原则，即在决定对犯罪嫌疑人采取何种刑事强制措施时，应当尽量适用非羁押性强制措施，避免或者减少适用羁押性强制措施，即非羁押性强制措施优先于羁押性强制措施适用。《公民权利和政治权利国际公约》中规定了所有的公民都不应该在没有法律明确规定的情况下被随意的剥夺人身自由，并且如果犯罪嫌疑人因依照法律规定而被采取了羁押措施则应在短时间内接受审判以确保其合法权益，并且被采取羁押的犯罪嫌疑人都应当有权申请法院对羁押行为进行审查，经审查对不符合羁押条件的犯罪嫌疑人应当及时地决定对其释放。优先适用原则进一步强调了非羁押性强制措施在整个刑事强制措施体系中的地位和作用，是司法文明尤其是诉讼文明在刑事诉讼中的深刻体现。在羁押必要性审查过程中确立优先适用原则，有利于更好地保障被羁押人的基本人权，有利于更大地缓解司法资源日益紧张的局面，进而实现惩治犯罪与保障人权、保证司法管制与强调效益的有机统一。②

　　对于检察机关公诉部门审查后，认为需要退回侦查机关补充侦查的，仍由公诉部门进行羁押必要性审查。公诉部门审查后对案件

---

① 宋英辉：《刑事诉讼原理导读》，中国检察出版社 2008 年版，第 52—56 页。

② 魏玉民：《非羁押性强制措施研究》，法律出版社 2010 年版，第 57—58 页。

作出不起诉决定的，犯罪嫌疑人没有被继续羁押的必要，立即释放犯罪嫌疑人。

四 审判阶段：三段一审

检察机关公诉部门将案件提起公诉后，案件进入到审判阶段，此为羁押必要性审查的第三阶段。案件起诉到法院后，法院受案的第一时间，应该审查犯罪嫌疑人、被告人的羁押必要性，对没有羁押必要的犯罪嫌疑人给予变更强制措施或释放，此谓羁押必要性审查的"三段一审"。在此阶段，由于法院对被告人有最终的裁断权，故该阶段羁押与否的裁决主体为法院。从检察机关羁押必要性审查的角度，虽然公诉部门仍是检察机关中对案件情况了解和掌握的最为翔实的部门，但由于此阶段公诉部门的职能侧重于指控犯罪和对法院的诉讼活动进行法律监督，如果仍然承担羁押必要性审查职能，其中立性有可能出现偏差。因案件已经诉讼到法院，检察机关公诉部门主观上追求被告人被定罪、得到刑罚处罚的结果，虽然这个结果是依据包括有罪与无罪、罪轻与罪重的全部证据情况在内的，在应然层面上，公诉部门仍需要保持足够的客观，但在实然层面上，如果说公诉部门仍具有足够中立性的地位，显然是缺乏信服力的。从我国羁押必要性审查的立法目的，从法律监督的角度出发，检察机关的监所检察部门履行羁押必要性审查权主体更为适格。而此阶段，检察机关监所检察部门并不需要依职权主动启动审查程序，只是受理被告人、辩护人方提出的变更强制措施申请或者根据从其他途径获取的被告人、犯罪嫌疑人不具有羁押必要性的信息，经审查后，向法院提出建议。

诚然，犯罪嫌疑人、被告人被逮捕后，始终处于羁押状态，一直被羁押在看守所，也一直处于检察机关监所检察部门的监督范畴之列。检察机关监所检察部门对捕后被羁押的全部犯罪嫌疑人、被告人的所有诉讼程序的羁押必要性均有监督的职能，均可以提出建议。监所检察部门比较适合在执行羁押期间，对个人情况发生变化的案件，如对期限届满、成为生活不能自理人的唯一抚养人、怀孕、患病等提出建议。但是对于案件的事实、证据的变化，监所部门不可能详细掌握，因此监所检察部门不能替代职能部门承担所有的诉讼职能。将审判阶段的羁押必要性审查权配置给检察机关监所检察部门，使其与该阶段羁押与否的裁定主体——法院共同完成该阶段羁押必要性的审查工作，事半功倍。当然，在这一阶段，检察机关公诉部门也可以从诉讼监督的角度提出变更强制措施的建议。

在审判阶段，羁押必要性的审查范围进一步扩大。审判阶段，据以定罪量刑的证据已经全部固定，案件事实清晰明朗，法院作为案件的最终裁断者，对案件的定罪量刑亦已有初步的判断。被告人是否被羁押，理论上对案件定罪量刑的证据已经不再产生影响，法院需要根据利益权衡原则、非羁押性强制措施优先适用原则及比例原则，对除去可能判处十年以上有期徒刑、无期徒刑和死刑的近10%的案件之外的其他案件进行羁押必要性审查。由于法院根据案件的证据情况，案件的性质，对案件的量刑可以有初步的研判，而被告人审判前被羁押的期限可以折抵刑期，所以笔者认为从实践出发，如无特殊情况，法院的羁押必要性审查应重点在可能判处有期徒刑五年以下刑罚的被告人，对于可以判处有期徒刑五年以上实刑的被告人，可以不必重点进行羁押必要性审查。而法院最终决定以简易程序开庭审理的案件被告人，应成为法院羁押必要性审查的重点。

如果案件需要进行二审的，则二审法院的程序与一审法院相同，受案后的第一件事仍是进行羁押必要性审查。法院仍是该阶段的羁押必要性裁断主体，检察机关监所监察部门则是该阶段的羁押必要性审查主体。

五　程序的运行

羁押必要性程序的启动，可以分为依申请和依职权两种情况。在每一阶段，羁押与否的裁决主体都应依职权对羁押必要性进行主动审查，而羁押必要性审查主体则倾向于受理犯罪嫌疑人、被告人提出的羁押必要性审查申请。只有在侦查阶段，检察机关侦查监督部门进行的羁押必要性审查，属于主动审查，其主要原因是在侦查阶段，案件完全处于侦查机构一个部门的掌控之中，而且案件的发展具有较大的不确定性，犯罪嫌疑人权利被侵犯的可能性亦相对较大，需要引入一种力度较大的监督机制，以切实保障犯罪嫌疑人的权利。

依职权启动的羁押必要性审查，可以采取书面审的形式进行。前述的"三段三审"，羁押必要性审查均需在受理案件后的十日内进行，并在相应的文书中体现审查决定，此为依职权启动。审查主体或者裁决主体认为有必要的，可以讯问犯罪嫌疑人、被告人，可以询问相关证人。而作为犯罪嫌疑人、被告人方，在其认为没有羁押必要，应该变更强制措施之时，即可提出申请。该申请应该是书面申请，可以对公、检、法任意机关提出，受理申请的机关或部门如果为该阶段羁押与否的裁决主体，则应直接进行审查，并将审查申请和裁决结果一并移送有羁押必要性审查权的检察机关对应部门；如果案件已经不在受理机关或部门的流程内，则受理机关或部门应当在一个工作日内将申请转至该阶段的羁押与否的裁决主体和人民检察院相应的羁押必要性审查主体。有权裁决者应该在三个工作日内做出决定，同意变更强制措施的，立即变更强制措施，不同意变更强制措施的，则书面回复申请人和羁押必要性审查主体，并说明理由。羁押必要性审查主体应当参照前文论述的逮捕的听证程序，开展羁押必要性审查的听证程序。听证后，作出审查意见，同意裁决主体不予变更强制措施意见的，告知申请人，如果羁押必要性审查主体认为应当变更强制措施的，向羁押必要性裁决主体提出建议。

羁押的功能在于保障诉讼的顺利进行，但羁押的条件又不能完全脱离于逮捕的条件。裁决主体在审查是否有羁押必要时，审查的主要内容如新刑事诉讼法第79条之规定：①可能实施新的犯罪的；②有危害国家安全、公共安全或者社会秩序的现实危险的；③可能毁灭、伪造证据，干扰证人作证或者串供的；④可能对被害人、举报人、控告人实施打击报复的；⑤可能自杀或者逃跑的；⑥可能判处十年以上刑罚的；⑦有故意犯罪的前科或者身份不明，可能判处徒刑以上刑罚的；⑧违反取保候审、监视居住的规定，情节严重的。如果不具有前述 8 项内容，即可变更强制措施。新刑事诉讼法增加的符合逮捕条件，但因本人或者家庭有特殊情况，从人道主义考虑可以监视居住的，以及案件涉及外交关系不适合羁押可以监视居住的，也应当作为重点审查的内容。但是，对于法律规定可能判处十年以上有期徒刑的犯罪嫌疑人、被告人，则可以不再进行羁押必要性审查。

　　为了司法资源能够得到有效利用，防止诉权的滥用，法律应当限制犯罪嫌疑人、被告人提出变更强制措施申请的次数，笔者建议在侦查、审查起诉和审判环节，各一次为限，审判的一审和二审可视为两个环节。这样加之羁押与否的裁决主体依职权主动做出的审查，每个环节对羁押必要性审查两次，基本为半个月一次，已经足以保护犯罪嫌疑人、被告人的权益，具有一定的合理性。需要说明的是，如羁押期限届满，应当立即变更强制措施，这一条件非普通程序案件中羁押必要性的审查范畴。

六　程序的监督及救济

　　羁押必要性审查主体的确定依据其不同的职权属性作出有区别的制度安排。对于行使监督职权的羁押必要性审查，主要由监所检察部门负责为宜。因为监所检察部门独立于各诉讼阶段，既不是侦查部门，又不是控诉部门，与案件本身不存在关联性，在主观上不会做出具有倾向性的判断；监所检察部门也可以更方便的听取被羁押的犯罪嫌疑人的意见；监所部门掌握着被羁押人从被逮捕后到判决前的全面情况，对被羁押人的身体情况、在羁押期间的表现和羁押期限等情况掌握得比较清楚，对不适合继续羁押的犯罪嫌疑人、被告人，监所检察部门可以从监督的角度向侦查机关、法院以及检察机关内部的相关办案部门提出释放或变更强制措施的建议。

　　因此，由监所检察部门负责逮捕后羁押必要性审查的救济，最有利于保障人权和实现对权力的有效制约。是否变更逮捕强制措施的意见，应当在意见作出 10 日内，将依据的证据材料及变更情况送原批准逮捕的检察机关备案审查。犯罪嫌疑人、被告人对不同意变更强制措施的意见也可以向检察机关申诉。检察机关对同意或者不同意变更的意见有异议的，可以书面提出建议。

第四节　特殊情况下的羁押必要性审查

羁押必要性审查的根本出发点，是保障犯罪嫌疑人、被告人的人身权利，使不具有羁押必要性的犯罪嫌疑人、被告人得以变更强制措施或被释放。其蕴含着两个结果：一是对有羁押必要的犯罪嫌疑人、被告人延续羁押，二是对没有羁押必要的犯罪嫌疑人、被告人变更强制措施或释放。而上述情况的扩展，则是在法定的一般羁押期限之外，依据法律特殊条款进行的羁押期限延长的必要性。新刑事诉讼法规定了羁押期限延长的法定情形，一方面是与羁押必要性审查在理念上相背离的制度，另一方面是依据司法实践需求产生的制度，也是羁押必要性审查的一部分。

一　重新计算的羁押期限的羁押必要性审查

根据刑事诉讼法第 158 条规定，在一些特殊情况下，由侦查机构自行决定，就可以重新变更羁押期限，由此引发羁押期间的延长。这其中包括发现犯罪嫌疑人又涉嫌其他严重犯罪的，侦查机关可以自发现之日起重新计算羁押期间；犯罪嫌疑人拒绝提供个人真实信息，包括姓名、住址等，导致犯罪嫌疑人身份不明的，羁押期间自犯罪嫌疑人身份查清之日起计算。最高人民法院、最高人民检察院、公安部、司法部、国家安全部及全国人大常委会法制工作委员会《关于实施刑事诉讼法若干问题的规定》中明确，公安机关依照前述规定重新计算侦查羁押期限的，仅需报人民检察院备案，不需要经人民检察院批准，人民检察院可以对公安机关重新计算侦查羁押期限的情况进行监督。而人民检察院刑事诉讼规则中规定，由侦查监督部门来审查侦查部门所提出的对犯罪嫌疑人的羁押期限进行重新计算的申请，并最终由检察长决定。在对犯罪嫌疑人的羁押期限进行重新计算的问题上，检察机关侦查的案件与公安机关侦查的案件出现了不同的法律规定。笔者认为，从权力制约的角度，公安机关自行决定重新计算侦查羁押期限的规定是不符合现代法治精神。此种情况下，容易发生制度异化，侦查羁押期限可能被无限制延长，而这种延长，可能是拘留期间侦查羁押期限的延长，也可能是逮捕之后侦查羁押期限的延长，因其完全由公安机关自行决定。法律规定的备案制度，在实践中因为缺乏制约机制，操作性较差，收效甚微。在一些案件中，公安机关滥用此两项规定，使刑事拘留羁押期限达到数月甚至超过 1 年。

笔者认为，从人权保护的角度和法律监督的角度，此侦查阶段羁押期限的延长，侦查机构应当向检察机关侦查监督部门报送相关延长羁押期限的理由，由侦查监督部门审查决定。检察机关侦查监督部门审查延长羁押的必要性，并需要提及的问题有三：首先，侦查羁押期限的重新计算，并不等同于犯罪嫌疑人一定要被羁押。这点与羁押必要性没有必然联系。不得自证其罪的原则已经在我国刑事诉讼法中明确规定，不能因为犯罪嫌疑人瞒报或漏报其个人真实信息或其他罪行，就直接推定为犯罪嫌疑人有羁押的必要性。其次，法律并未对严重罪行作出界定，何谓严重罪行，是根据涉嫌罪名作出判断还是根据可能判处的刑罚进行衡量，均具有不确定性，需进一步明确或者直接界定为抢劫、强奸、放火等8种严重犯罪。再次，检察机关侦查监督部门对侦查机构重新计算侦查羁押期限的情况进行了解和掌握，可以有效开展侦查监督，避免变相超期羁押的情况存在。此重新计算羁押期限既包括批准（决定）逮捕后的羁押期限，亦包括拘留后，逮捕前的羁押期限。从笔者所论述的羁押必要性审查的角度，检察机关侦查监督部门要对逮捕后的重新计算侦查羁押期限进行审查，笔者认为，暂不考虑其他因素，不宜仅以新发现的犯罪嫌疑人可能被判处有期徒刑以下刑罚的罪行为由，对犯罪嫌疑人的侦查羁押期限重新计算。在这一程序中，羁押必要性审查的审查主体和裁决主体均应设定为检察机关侦查监督部门。

二　退回补充侦查的羁押必要性审查

退回补充侦查制度也是导致侦查阶段甚至审查起诉阶段羁押期限重新计算的制度之一，是我国特有的制度。退回补充侦查是指，检察机关经审查发现审查机关所提供的材料不全面时，可以将案件退回侦查机关补充侦查。退回的次数要求在 2 次以内，总计不得超过两个月。而在法院审判阶段，如果检察机关发现需要补充侦查提出建议的，也可以延期审理，有一个月的补充侦查期限。根据司法实践中的普遍做法，在补充侦查期间，侦查期限重新计算，补充侦查结束移送人民检察院后，人民检察院重新计算审查起诉期限。人民法院对延期审理期间的时限亦不计入法院总的审限，如此，必然导致犯罪嫌疑人、被告人羁押期间的延长。

在此种情况下，检察机关公诉部门将案件退回补充侦查的同时，要对犯罪嫌疑人的羁押必要性进行审查，对于没有羁押必要的犯罪嫌疑人予以变更强制措施。而实践中，个别案件会因为办案人员个人的因素，延误了审查期限，而直接利用这一制度，将本不该退回补充侦查的案件以退回补充侦查为由，找回一个月或者两个月的期限，通过牺牲犯罪嫌疑人、被告人的宪法权利，换来侦查人员、检察人员的办案便利，换来更长的办案时限。上述制度本身，并未存在重大瑕疵，只是在实践中被异化后，可能造成严重侵犯犯罪嫌疑人、被告人利益的情况发生。所以要通过有效的监督机制加以防控。而由于在审查起诉阶段，羁押必要性的审查主体和裁决主体均为检察机关公诉部门，无法从根本上杜绝检察机关公诉部门利用案件此项制度争取办案便利，侵犯犯罪嫌疑人权利的行为，就需要犯罪嫌疑人、辩护人方向检察机关监所监察部门申请救济，由监所监察部门从法律监督的角度提出羁押必要性建议。

三　管辖权错误后的羁押必要性审查

另一种造成犯罪嫌疑人羁押期限被延长的情况，是管辖权错误问题。法律规定，人民检察院审查起诉的案件，改变管辖的，从改变后的人民检察院收到案件之日起计算审查起诉期限。笔者认为，无论在刑事诉讼哪一个环节，羁押必要性裁决主体在受理案件后，应当在 10 日对案件进行初步审查，而这个初步审查就包括案件的管辖权和犯罪嫌疑人、被告人被羁押的必要性内容，如果审查后发现犯罪嫌疑人、被告人不具有羁押的必要性，要在将案件移送给有管辖权的检察机关的同时向有管辖权的检察机关公诉部门和原侦查机构同时提出变更强制措施或释放的建议。有管辖权的检察机关公诉部门要在受案后 5 日内作出裁决。司法机关的错误责任不能转嫁给犯罪嫌疑人承担。

第五节　检察机关羁押必要性审查结果的效力

检察机关拥有羁押必要性审查的建议权。根据新刑事诉讼法第 93 条规定，人民检察院在对羁押必要性进行审查后，如果认为不需要继续羁押的，应当"建议"而不是"决定"予以释放或者变更强制措施；有关机关应当将处理情况"通知"人民检察院，而不是经人民检察院"批准"。学界对这一规定持有不同观点。如有学者认为，"新刑事诉讼法第 93 条规定有关机关应当在 10 日以内将处理情况通知人民检察院。但该条文没有规定监督对象的具体义务以及不履行义务时应承担的法律后果，使得检察机关的监督缺乏法律刚性保障。"① 有学者认为，"由于'通知'并不等同于'经过审查批准'，新的捕后羁押必要性审查制度如何兼顾对'不应当继续羁押而继续羁押'和对'应当继续羁押而不继续羁押'的双重监督，不妥善处理这一矛盾，有可能造成该制度在实质上被剥离检察机关的监督视野。"② 有人还建议，"对于羁押必要性的审查，人民检察院作出决定后，应当具有法律效力，有关部门必须执行。"③

---

① 王伟、戚进松：《羁押必要性审查制度的具体构建》，《检察日报》2012 年 7 月 6 日（2）。

② 刘松：《羁押必要性审查制度需细化》，《法制日报》2012 年 1 月 21 日（7）。

③ 冀祥德：《最新刑事诉讼法释评》，中国政法大学出版社 2012 年版，第 87 页。

　　笔者认为，上述意见均值得商榷。检察权的主要特征之一，是监督权与处分权的分离。① 法律监督权在本质上不是一种实体处分的权力。"检察机关对诉讼活动的法律监督基本上是一种建议权和启动程序权。对诉讼中的违法情况提出监督意见只是启动相应的法律程序，建议有关机关纠正违法，不具有终局或实体处理的效力。诉讼中的违法情况是否得以纠正，最终还是要由其他机关决定。"② 加强对司法权的监督制约，完善刑事诉讼中的检察监督措施成为刑事诉讼法的一大亮点，但监督权不意味着检察机关可以包办代替有关机关行使权力。一旦赋予检察机关直接决定或处罚权，那么"监督者如何受监督"的难题会更加突出。所以，在羁押必要性审查中，对于不需要继续羁押的，立法机关只赋予检察机关"建议"有关机关予以释放或者变更强制措施的权力，这充分体现了立法机关将羁押必要性审查作为检察监督措施的特点。

　　规定为"建议"而非强制性要求，主要是从监督角度考虑的。人民检察院在审查中发现被羁押人没有必要继续羁押的，提出建议，由有关机关就羁押必要性进行全面审查，既考虑了监督的性质、特点，不代替其他有关机关做决定，又体现了对于解除、变更强制措施的意见。尽管人民检察院只是提出"建议"，而不是强制性的决定，但检察机关的建议仍然是具有法律效力的监督意见，有关机关不能自由裁量"可听可不听"，而必须对建议意见及所根据的事实、证据等进行研究和考虑，对羁押必要性进行再审查，并及时作出正确的决定。为了加强检察建议的效力，法律明确规定了监督意见的反馈时限，即有关机关应当在"10日"以内将处理情况通知人民检察院，从而使检察机关的监督措施更具有可操作性。

　　还有一种观点认为，检察机关进行羁押必要性审查后，如果认为不具有继续羁押的必要性，可以检察建议的方式直接告知该程序

---

　　① 王桂五：《中华人民共和国检察制度研究》，中国检察出版社 2008 年版，第 190 页。

　　② 张智辉：《检察权研究》，中国检察出版社 2007 年版，第 75 页。

下对案件具有决定权的机关或者部门，建议释放犯罪嫌疑人、被告人或者变更强制措施；如果主办机关或部门不接受检察建议，检察机关可以通过撤销原逮捕决定的方式，要求主办机关或部门执行检察机关的决定。笔者认为这种处理方法具有强制性，不符合立法精神。如果有关机关或部门不接受检察机关释放或者变更强制措施的建议，处理情况又不符合法律规定的，检察机关可以向其发出纠正违法通知书，督促有关机关自行纠正违法行为，而不是撤销原逮捕决定，这样更加符合法律监督的身份和立场。检察机关只有发现其批准（决定）逮捕确有错误，而且这种错误是在批准（决定）逮捕之时的证据材料即存在，不是因为逮捕后证据情况发生变化而发现的错误的，方可作出撤销原逮捕的决定。

第五章 逮捕的替代性措施

强化逮捕必要性和羁押必要性的审查，无疑是新刑事诉讼法在人权保障方面的进步，是为让逮捕的强制措施回归其本来的价值定位。在刑事诉讼过程中，打击犯罪与保障人权始终是一对矛盾共同体，平衡和满足双重价值需求，是刑事诉讼永远追求的主题。对犯罪嫌疑人不予逮捕羁押，就需要适用其他强制措施。在我国，由拘传、拘留、取保候审、监视居住、逮捕五种措施组成的强制措施体系中，其严厉性依次增强，对人身自由的限制度亦依次加大。按照现行法律规定，拘留属一种紧急状态下的临时措施，不能成为逮捕的替代措施，而取保候审和监视居住，则是可能成为对逮捕具有替代性的两种强制措施。

第一节 扩大适用取保候审

笔者认为在当前情况下，正当适用强制措施，降低逮捕率，可替代逮捕大量应用的非羁押性强制措施非监视居住，而为取保候审。新刑事诉讼法第 65 条对于取保候审做出明确规定，人民法院、人民检察院和公安机关均有取保候审的决定权，而可以取保候审的四种情形，总体上是从四个角度出发，在保障诉讼的前提下，从人性化、理性、平和的角度，法律规定对于患有严重疾病、生活不能自理或者处于哺乳期、怀孕的犯罪嫌疑人，可以适用取保候审；遵循比例性原则，从处罚与危害度相适应的角度，通过刑罚种类的衡量，对于管制、拘役及可能独立适用附加刑的，可以适用取保候审；从人权保障的角度，为进一步扩大取保候审的适用范围，规定如不致发生社会危险性，对于可能判处有期徒刑以上刑罚的犯罪嫌疑人也可适用取保候审；从保障诉讼顺利进行的角度，规定对羁押期限届满，但尚未审结案件的犯罪嫌疑人，可以取保候审。

如果犯罪嫌疑人、被告人在整个刑事诉讼过程中，在非羁押状态下，能够认真遵守相关法律规定，按时到庭参加诉讼，真诚认错、悔罪，对于非性质恶劣的严重犯罪，法院就没有必要判处犯罪嫌疑人、被告人监禁刑。这样，既利于被告人回归社会，恢复被破坏的社会关系，又有利于减少监管场所的数量，节约诉讼成本，有效利用司法资源。同时，减少被羁押者的数量，也可以提高被羁押者在羁押期间的待遇，有利于被羁押者的人权保障。这是取保候审制度的价值延伸。

一 我国取保候审的现状

取保候审本应成为强制措施中最普遍适用的一种，但在目前的刑事诉讼中，取保候审的适用比例不大，而且出现异化情况。

1. 侦查机构主动决定适用取保候审比例小。据最高人民检察院统计，2010 年全年共批准逮捕各类刑事犯罪嫌疑人 916209 人，提起公诉 1148409 人，① 批捕和提起公诉的比率为 79.78%。2011年共批准逮捕各类刑事犯罪嫌疑人 908756 人，提起公诉 1201032人，批捕和提起公诉的比率为 75.66%。② 可见，有超过 75% 的犯罪嫌疑人、被告人，从侦查伊始直至法院判决，始终处于被羁押的状态，取保候审的应用比例不足 25%，而这其中，又有 45% 以上是因检察机关侦查监督部门因无逮捕必要不批准逮捕，不得已变更为取保候审强制措施的，可推算出，在最终进入审判程序的被告人

---

① 曹建明：《最高人民检察院工作报告》［R/OL］. (2011 - 3 - 11) ［2012 - 8 - 20］. http：//www. spp. gov. cn/gzbg/ 201208/t20120820_ 2498. shtml。

② 同上。

中，侦查机构办理取保候审的仅 10% 左右。

2. 申请取保候审不是犯罪嫌疑人的权利。取保候审在实践中不是作为一项公民的权利被维护，而是作为一项国家的权力被行使。新刑事诉讼法第 95 条增加了变更强制措施的申请主体的范围，除犯罪嫌疑人、被告人及其法定代理人、近亲属外，还增加了辩护人。但是，赋予的权限是变更强制措施权，而非取保候审的权利。变更强制措施的前提，是适用了强制措施，也就是说，只有适用了其他强制措施，才能申请变更为取保候审。在采取拘留的强制措施期间，一是时间较短，二是未建立独立第三方的审查机制，即便犯罪嫌疑人方提出申请变更强制措施为取保候审，其实现的可行性小，成功比例低。由此，说明只有在监视居住和逮捕后，犯罪嫌疑人才能申请变更强制措施为取保候审。同时，这种权利只是申请权，决定权还是公安机关、人民检察院或人民法院。而且，我国司法机关特别是侦查机构的工作人员对犯罪嫌疑人和被告人为了防止其逃跑、妨碍侦查、审判，往往从职业观念上倾向于实施拘留、逮捕，使得本该作为羁押替代措施的取保候审在实践中采用的比例极小，审前羁押已成为一种惯例。

3. 为办理疑难案件提供便利。公安机关主动适用取保候审，更多的是由于有罪证据不足或罪与非罪难以把握的情况下，为避免错案责任的追究所作出的趋利避害的选择，是为给一些有嫌疑但无证据或者有嫌疑但难以认定的案件"下台阶"，保而不审的问题比较突出。[1] 取保候审事实上往往被排斥于那些应当负刑事责任、应当判处刑罚的案件之外。[2] 我国司法实践中取保候审适用率如此之低，归根结底就是这方面的制度并不完善、界定模糊，在无法辨明对犯罪嫌疑人采取取保候审措施是否会危害社会、妨害他人时，就一概而论的将犯罪嫌疑人进行羁押，这势必造成了对犯罪嫌疑人的

---

[1] 宋英辉：《取保候审适用中的问题与对策研究》，中国人民公安大学出版社 2007 年版，第 56 页。

[2] 陈卫东：《保释制度与取保候审》，中国检察出版社 2003 年版，第 391 页。

不公平，很可能侵犯了犯罪嫌疑人的基本的公民权利。① 这种情况下适用取保候审，同时也是为了收集证据提供便利，为可能的继续追究犯罪提供便利，这也可以认为是取保候审所具有的一项独立的功能。

4. 外来人员取保候审适用比例低于本籍人员。在目前的社会发展阶段和发展模式下，人口流动性比较大，很多人工作和生活的地域并非其户籍所在地，这就导致在刑事诉讼领域，尤其是在取保候审的选择适用上，出现了外来人员与本籍人员适用不平等的情况，引起了学界和法律实务工作者的关注。根据相关统计，刑事犯罪中外来人员所占比例较高，而涉嫌犯罪的犯罪嫌疑人，取保候审的比率较低。以张家港市为例，2005 年至 2007 年期间，该市刑事犯罪总人数为 4870 人，其中外来人员 3671 人，占 75.4%。在侦查阶段的强制措施适用方面，呈现出明显的阶梯式分步，张家港市本籍犯罪嫌疑人有 43.8% 的人适用了取保候审等非羁押性的强制措施，江苏省籍外来犯罪嫌疑人此比例为 13.6%，而外省籍犯罪嫌疑人未被羁押的比例仅为 7.5%。与此相对应，有 60.4% 的被逮捕的外籍被告人被判处三年以下有期徒刑、管制、拘役或者独立适用附加刑，有 58.5% 的张家港市籍被逮捕的被告人被判处前述刑罚，说明外籍被告人的罪行严重程度并未强于张家港市籍被告人，但捕后外来人员的缓刑适用率为 11.5%，而本籍人员的缓刑适用率为 18%。② 高达 36 个百分点的逮捕率的差异以及 6.5 个百分点的缓刑率差异，并非张家港市的独有情况，而是在全国范围内均有此类问题。主要是由于外来人员总体上会出现没有固定的居所、找不到合适的保证人、经济能力相对较差等影响适用取保候审的因素，侦查机构和司法机关对于外来人员形成一种"适用取保候审风险大"的强势心理推定。以致形成一种外来人员与本地人员在取保候审方面

---

① ［英］杰弗里·威尔逊：《英国刑事司法程序》，麦高伟译，法律出版社 2004 年版，第 106 页。

② 董启海、张庆凤：《对外来人员适用取保候审之探索》，《国家检察官学院学报》2008 年第 6 期，第 98—99 页。

适用不平等的情况。

如前所述，影响对外来人员适用取保候审的因素主要有几个方面：一是外来人员本身具有流动性的特征，多数在犯罪地没有固定的居所和较为稳定的工作，容易使人形成其逃避制裁可能性大的判断；二是外来人员，尤其是进城务工人员的经济能力相对较差，又不能在城市中找到合适的人员作为其保证人，使其客观上形成取保候审不能的局面；三是不同地区办案部门的协调配合度差，没有形成有效的联动机制，异地查案诉讼成本、工作难度增大，再加之一些"地方保护主义"的偏袒行为，外来人员一旦脱逃，异地办案的总体难度大；四是侦查机构及司法机关的办案人员畏难思想较强烈，缺乏人权保护的思想，主观上为外来人员打上"不诚信"标签，潜意识里提高了对外来人员取保候审的门槛，增加了外来人员取保候审的难度。

二 我国扩大适用取保候审的基础

作为一项可能广泛适用的强制措施，取保候审需要明确细致的法律规定，以便在实践中具有可操作性，这就需要根据实践情况及社会发展情况，不断完善相关法律规定。

（一）现行法律已完善规定的法律基础

新刑事诉讼法完善了取保候审的相关规定，加大了对被取保候审人的管控力度，也增强了适用取保候审的可能性。具体表现如下。

1. 区别适用取保候审与监视居住，体现出取保候审扩大适用的必然性。原刑事诉讼法中，取保候审与监视居住适用条件基本一致，侦查机构可以根据需要选择适用，增加了适用的随意性，也削减了取保候审的意义。新刑事诉讼法将取保候审的适用条件进一步明确，规定为三种情况，一是适用于罪行较轻的人，可能判处管制、拘役或者独立适用附加刑的；二是适用于没有社会危险性的，可能判处有期徒刑以上刑罚及患有严重疾病、生活不能自理、怀孕或者正在哺乳自己婴儿的妇女；三是适用于羁押期限届满，案件尚未办结的情况。同时，新刑事诉讼法通过对应当逮捕的情况的规定，排除了刑期可能在十年以上有期徒刑、累犯等在几种适用取保候审的情形。新刑事诉讼法将监视居住定位为特殊情况下替代逮捕的强制措施，以及符合取保候审条件，但不能提出保证人也不能交纳保证金的替代措施。由此，可以判断，在五种强制措施中，逮捕和取保候审属于两种最基本的强制措施，其他的如拘传、拘留，是临时性措施，而监视居住则是边缘性替代措施。而对于取保候审和逮捕这两种性质截然相反的强制措施，法律确定了明确的适用范围，应该逮捕的情形被固化，凸显出取保候审在强制措施中的重要位置。

2. 规定了保证金适用依据及违反取保候审义务的处罚，令取保候审更具有可操作性。新刑事诉讼法对于保证金收取数额的依据作出了规定，比较灵活地结合犯罪嫌疑人、被告人的个人经济状况、社会危险性，案件的性质、情节，可能判处的刑罚等综合因素确定保证金数额，增强了保证金对犯罪嫌疑人、被告人的约束力。同时，对于保证金的收取及返还方式作出规定，保障了被取保候审人的权益，增加了司法透明度。此外，对于未履行保证义务的保证人以及违反取保候审规定的犯罪嫌疑人、被告人的处罚亦作出不同档级的规定，可以根据保证人和犯罪嫌疑人、被告人的未尽义务或违反程度进行适用。如此，取保候审的相关规定更加严谨和完善。

3. 增加了取保候审附带义务，使取保候审的适用更富有成效性。新刑事诉讼法关于取保候审的另一个重大变化就是增加了被取保候审人的义务，如不得进入特定场所、不得从事特定活动及不得与特定的人见面或通信，减少了被取保候审人再犯罪或干扰诉讼的可能性。新增了被取保候审人特定信息变化的报告制度及保存被取保候审人相关证照的规定，增加了对被取保候审人的管控，使取保候审有更强的现实意义。

4. 提出了羁押必要性审查制度。通过对羁押必要性的审查，一部分在审查逮捕阶段符合逮捕条件，有逮捕必要，并被执行了逮捕的犯罪嫌疑人，随着案件的进展，部分犯罪嫌疑人不再具有羁押的必要性。根据法律规定，依据犯罪嫌疑人、被告人方的申请，或者权力机关依据职权发现，对不具有羁押必要性的犯罪嫌疑人、被告人变更强制措施，变更为取保候审，增加了取保候审的适用时段。

（二）扩大适用取保候审的社会基础

一种法律制度如能够得以广泛应用并取得良好的效果，除有法理支撑、法律规定之外，还取决于社会民众对其的理解和接受程度，取决于其是否具有在社会中生存的土壤。为此，笔者制作调查问卷，对法律工作者、学生和普通民众进行调查，了解取保候审制度在现实社会中的生存基础。各类调查问卷均发送并回收30份以上，以体现调查结果的客观性。具体结果如下：

1. 对取保候审的认知程度

调查问卷中，对取保候审的了解程度分为比较了解、了解一些、略有所知和完全不知四个层级，"比较了解"与"了解一些"可以作为法律工作者对取保候审基本认知的标准，而对于其他社会群体，只要"略有所知"，以便需要的时候去深入了解即可，所以对于其他人员只要不是完全不知，就可以视为对取保候审有基本的认知。下列统计表格统计的对取保候审基本认知的比例，即参照此标准：

对取保候审有基本认知的比例（%）

法律工作者						学生		其他	
公安	检察	法院	司法	律师	其他	法学	非法学	有法律背景	无法律背景
93.1	97.5	78.57	80.95	90	79.07	84.34	62.5	100	89.29

由此可见，取保候审作为一项基本的法律制度，社会对其有了应有的认知。由于对法律工作者要求的认知度相对较高，所以统计

显示的认知度略低。

2．对取保候审的接受程度

调查问卷中，对取保候审的接受程度设置了普遍适用、限制适用和严格控制适用三个层级，而对接受程度的衡量尺度，各行业一致，口径为"普遍适用"。统计应该普遍适用的比例，结果如下：

认为应普遍适用取保候审的比例（%）

法律工作者						学生		其他	
公安	检察	法院	司法	律师	其他	法学	非法学	有法律背景	无法律背景
61.11	77.5	57.14	38.1	70	60.47	59.04	62.5	50	40.74

由此可见，总体上，有超过半数的人认为应当普遍适用取保候审，取保候审制度在社会中已经具备了一定的生存土壤。

3．对我国取保候审的期待

调查问卷中，对于在我国是否应该扩大取保候审的适用比例，主要从应该和不应该两个方面，应该扩大适用的，从保障人权和降低诉讼成本的角度，不应该扩大适用的，从我国国情和羁押有犯罪嫌疑角度。认为我国取保候审应该扩大适用的比例如下：

认为我国应扩大取保候审适用的比例（%）

法律工作者						学生		其他	
公安	检察	法院	司法	律师	其他	法学	非法学	有法律背景	无法律背景
82.76	77.5	71.43	52.38	76.67	83.33	79.52	75	50	45.45

社会对取保候审的认知度，在某种程度上体现出社会的文明程度，尤其是法制的进步。从调研中可以看出，总体上，多数人是同意扩大适用取保候审的，认为其能够保障人权、降低诉讼成本，尤其是正在从事法律工作的公、检、法及律师，这些人对司法的情况比较了解，对我国的现状也比较熟悉，而法律工作的接班人，在校

学生也同意取保候审的扩大适用。可以说，扩大适用取保候审已经具有了可持续的社会基础。

三　保释制度的比较法考察

西方国家的保释制度与我国取保候审制度有些相似，却不完全相同。但是在法律规定了羁押必要性审查之后，保释制度于我国可借鉴之处有所增加。

（一）大陆法系国家的保释制度

1. 德国——免除羁押的一种替代措施

德国的取保候审制度是从1532年6月通过的《卡纳林娜刑事法典》基本采取弹劾式的诉讼模式开始，到中世纪的纠问式诉讼模式，再到1877年的《刑事诉讼法典》及随后的纳粹政府的暴力统治，以及1946年、1950年、1964年和1972年对刑事诉讼法相关内容的几次修改，目前德国执行较为严格的保释制度。

在德国，审前强制措施的适用原则为相称原则，即待审采取的强制措施与案件的重大程度、可能判处的刑罚、矫正及保安处分措施要相称。如果适用较为轻缓的措施可以达到羁押所实现的防止犯罪嫌疑人或者被告人逃避审判或者会妨碍诉讼的目的，则可以适用较为轻缓的措施。例如，对于可能判处六个月以下剥夺自由或者一百八十个日额罚金以下，没有逃亡的迹象或者前科、有固定居所，已经查明身份的犯罪嫌疑人或者被告人，则不允许以调查真相困难为由命令待审羁押。同时，依据德国刑事诉讼法的第116条之规定：如果采取不那么严厉的措施，也能够很好地控制犯罪嫌疑人，保障诉讼的顺利进行，法官应该以犯罪嫌疑人是否有逃亡的危险为判定条件，来决定是否签署对犯罪嫌疑人采取羁押措施的命令，或者将羁押执行期限的开始期限后延，法官将对犯罪嫌疑人羁押的执行期限的开始期限后延的，可以同时做出以下决定：①要求犯罪嫌疑人在指定的时间到特定机关或特定机关安排的场所报到；②要求犯罪嫌疑人必须在经过特定机关同意后才能离开居住的房屋或特定的范围；③要求犯罪嫌疑人只有在专人的监视之下才能到所居住的房屋以外的地方；④责令犯罪嫌疑人或者被告人缴纳保证金；如果能够充分地避免调查风险，法官也被允许以犯罪嫌疑人是否有逃亡的危险为判定条件，来决定是否签署对犯罪嫌疑人采取羁押措施的命令，法官可以发布命令以禁止犯罪嫌疑人接触同案的犯罪嫌疑人或者被告人、证人或者鉴定人；如果预计犯罪嫌疑人或者被告人将遵守特定命令，羁押目的可由此达到，法官可以决定延期执行根据第112条a因纵火、强奸、抢劫、盗窃、重伤害和毒品犯罪，再犯或者连续犯等特定犯罪或犯罪形态签发的逮捕令。

此外，德国刑事诉讼法还规定，未构成签发逮捕令的前提条件时，为了保障诉讼程序的进行，对在德国境内无固定居所或者住所的、有重大的犯罪行为嫌疑的犯罪嫌疑人和被告人，可以责令其对可能的罚金、程序费用提供适当的担保，并且全权委托一位居住在案件管辖法院辖区内的人员代收送达。

德国不承认个人的保释权，犯罪嫌疑人或者被告人并没有只要缴纳保证金就必然获得保释的权利，是否取保候审的决定由法官做出。德国法官通过命令延期执行逮捕令，以解除或替代待审羁押，对犯罪嫌疑人或者被告人附条件地予以保释。法院在决定保释时，可以对被保释者附加一定的条件，以防止其逃匿或者妨碍诉讼，一般以提存现金、有价证券，设定质权或者由适当人员出具保证的方式进行。担保种类与保证金额，由法官自由裁量决定。法官必须考虑所缴纳的保证金是否足以消除被告人逃跑的风险。逮捕令被撤销、执行逮捕或者判处剥夺自由刑、剥夺自由的矫正和保安处分的情况下，解除保释，退还未被收缴的担保。为犯罪嫌疑人或者被告人提供了担保的人员，如果在法院规定的期限内使犯罪嫌疑人或者被告人到案，或者及时报告了有理由认为犯罪嫌疑人或者被告人准备逃跑的事实，使得犯罪嫌疑人或者被告人得以被逮捕的，可以以此要求解除所作的担保。犯罪嫌疑人或者被告人如果逃避审查，逃避判处的自由刑、剥夺自由的矫正和保安处分时，未发还的担保物将被收缴。裁判收缴前，会要求犯罪嫌疑人或者被告人以及他的担保人作出声明。对裁判不服时，犯罪嫌疑人或者被告人和他的担保人有权立即抗告。在对抗告作出裁判之前，犯罪嫌疑人或者被告人和检察人员均有机会，口头陈述各方的理由，说明已经进行的侦查情况。准予收缴的裁判，对于犯罪嫌疑人或者被告人的担保人具有民事法官作出的、宣告可以暂时执行的终局判决之效力，在抗告期限届满之后，具有发生法律效力的民事终局判决之效力。

德国刑事诉讼法关于保释的规定，散落在逮捕、暂时逮捕一章，是免除羁押的一种替代措施，仅从延期执行逮捕令和刑事追诉、刑罚执行的其他保全措施两个角度，作了两条规定，而非独立制度。①

2. 法国———一种缴纳财物的司法管制

从古代法兰西诺曼人部落的习惯法，到中世纪法国的"一年零一天法则"，再到法国对抗式诉讼模式的引进与失败及职权主义诉讼模式的形成，直至 1959 年，现行刑事诉讼法典的颁布实施，法国的保释制度从最原始的"当一个人被捕后，他可以以足够任何动产或不动产作抵押，使他获得保释。"几经波折，确立了今天的保释制度，成为司法管制的一种方式。

法国刑事诉讼法规定对犯罪嫌疑人给予释放并进行司法管制是常态，而对犯罪嫌疑人予以临时羁押则是例外。法国刑事诉讼法中没有对保释或者取保候审的单独规定，而是将一定期限内交纳金钱或者实物保险作为预审法官在司法管制中可单独或合并采取的一项措施。并在第 142 条分四个款项对保证金的收取、使用和返还作出规定。在法国，对犯罪嫌疑人进行司法管制的要求由共和国检察官提出，预审法官裁定。如果预审法官不同意检察官的提案，则可以直接报告刑事审查庭庭长。

预审法官可以根据案件情况，随时对被宣布司法管制的人增加一项或多项新义务，或者取消全部或部分原管制所包含的义务，这

---

① 〔德〕约阿希姆·赫尔曼：《德国刑事诉讼法典》，李昌珂译，中国政法大学出版社 1998 年版，第 52—57 页。

些义务包括但不限于部分人身自由的管制和约束、证照的收缴、从事职业的限制及经济上的一些约束。预审法官可以依职权，或者共和国检察官的要求，或者被司法管制人的请求，在通知共和国检察官后，随时裁定解除司法管制。

如果犯罪嫌疑人被强制缴纳保证金，则保证金应该保证犯罪嫌疑人在进行各项诉讼程序时随时到庭，服从判决的执行，履行判决义务，这部分保证金，如果犯罪嫌疑人履行了司法管制的各项义务，并且服从判决的执行，可以返还。并且按照下列顺序支付：首先，要赔偿犯罪行为所造成的损失和恢复原状，或者犯罪嫌疑人因欠付赡养费时偿付这种赡养费用，这部分保证金可以先行支付给受益人；如果没有用于赔偿受害人或者偿付赡养费，则该部分保证金在不予起诉或者免予处罚或无罪释放时，应予退还，除非被要求赔偿民事被害人的损失。其次，是案件的罚金。在定罪判刑时，需收缴的保证金上缴国库，该返还的和多余的保证金返还犯罪嫌疑人。①

（二）英美法系国家保释制度

1. 英国——保释制度的发源地

英国是学术界公认的保释制度的发源地。从6世纪左右的盎格鲁—撒克逊时期起，彼时的保证金由犯罪嫌疑人方向被害人家属支付。

现代意义上的保释制度大约始于9世纪，但英国学者也很难确定保释制度的具体起源。正如罗斯科·庞德所说："但同样真实的是，任何制度都不能被武断其起始。尤其是法律，现代以前，有意识地创制新法是很难想象的。"② 有记载的保释制度最初是由于司法改革后的英国，每年都有很多犯有刑事罪案的被检控者等待巡回

① 《法国刑事诉讼法典》，余叔通、谢朝华译，中国政法大学出版社1998年版，第63—68页。
② ［美］罗斯科·庞德：《普通法的精神》，唐前宏等译，法律出版社2001年版，第11页。

法官审理，而等待的时间又比较长，甚至达数年，① 从实际需要出发，为避免等待审判的人为逃避处罚而隐匿，并牵涉治安官，产生了由地方上的领主或骑士担当财产上的责任的保证，但是这种方式的局限性是因为治安官在行使权力时，收受贿赂等各种好处，造成该保释的不予保释，不该保释的人获得保释，使这一制度在早期运行过程中时常伴随着问题。② 1275 年，英国制定了《威斯特敏斯特条例（一）》（Statue of Westmister Ⅰ），该条例将犯罪分为可保释罪（bailable offenses）和不可保释罪（nonbailable offenses）。这一条例旨在限制治安官的权力，只要被指控者提供符合条件的保证，治安官只有调整保证金数额的权力，而不得拒绝被指控人的保释请求。由此，这一限制治安官权力的条例，变相的赋予了被指控人权利。正如英国学者所说："英国在《威斯特敏斯特条例（一）》施行之后，保释法律的历史轨迹是努力提高现行法的效能，特别是在被告人实施了法律规定的可保释罪的情况下，尽量给他提高满足保释的机会。"③ 17 世纪初，因拒绝借款给查尔斯国王的 5 名被监禁的贵族提出人身保护令申请，被法官裁定准许获得保释。1679 年《人身保护法》（the Habeas Corpus Act，1679）明确把保释制度列为一项基本的法律制度，并且转向为个人的权利。1689 年《权利法案》规定，"让被保释人交纳大额保释金的规定使公民的自由权利被侵犯。"④ 由此，保释制度被进一步明确为公民的自由权利。

随着人权观念和无罪推定理论的发展，英国的保释制度也逐步地发展完善，由"必须有确实可信的证据可以推导出有罪"到"被告人能否到庭接受审判"。到 19 世纪末，英国司法人员认为"保释不应当是一种惩罚，保释的价值要求仅仅是保证被检控者出

---

① 程汉大：《英国政治制度史》，中国社会科学出版社 1995 年版，第 66 页。

② S. Smith，F. Jelly. The History of English Law ［M］. London：Fourmat Publishing，1986：86.

③ US Free Bail Assistance. Nationwide Bail Bonds Directory：History of Bail，incfo@bail - bond. August 13，2005.

④ 张学仁：《外国法制史资料选编》，群众出版社 1988 年版，第 89 页。

庭受审。"① 在此情况下，法官有权出于安全的考虑拒绝被告人的保释申请。1967 年的一份调查报告显示：36.5% 的犯罪嫌疑人在审前处于羁押状态。其中，大部分人从逮捕到审判一直处于被关押状态，审前羁押平均为 31 天左右。而 20% 左右的犯罪嫌疑人、被告人最终并没有被判处监禁刑。② 这种状况引起社会不满，从而促进了 1976 年《保释法》及随后一系列涉及保释问题的法律的出台。这些法律规定构成了英国现行保释制度，其贯穿的理念是：准予保释是常例，而不准予保释反而有着十分严格的规定。③

英国的保释分为三种类型：无条件保释、有条件保释、确定保证人或收取保证金后保释。对于无条件保释，《1984 年警察与刑事证据法》第 34 条规定：羁押警官在任何时候对于处于警察羁押下的人，如果获悉羁押该人的理由已经消失，并且没有任何理由继续羁押被保释人时，必须允许其获得保释。《1994 年刑事审判与公共秩序法》中指出：警察只要同意了保释就应当是无条件的。不过，近年来，打击犯罪、控制犯罪已经成为英国的重中之重，保释所附条件也开始呈逐渐严格趋势。如根据《1976 年保释法》的规定，被保释人需要遵守以下规定：（1）自动归案；（2）保释期内不得犯罪；（3）不得有干扰证人或妨碍自己或他人参与的司法程序的行为；（4）被保释人应当配合调查或作出汇报、协助法院处理他的犯罪行为。根据英国学者对保释附件条件的实证研究，1/4 的被告人被附条件保释。在被调查的附条件保释案件中，78% 是要求被保释人居住在明确固定的住址，46% 是要求被保释人不得与指定人员联系，24% 是要求被保释人不得去特定地方，21% 宵禁，18% 定期向警察局报告。而且，很多条件是由辩方律师提出的，目的在于

① Neil Corre. Bail in Criminal Proceedings ［M］. London ：Fourmat Publishing ，1990：xii.

② Michael Zander. Bail：A Re - Appraisal, Criminal Law Review ［M］. London：Fourmat Publishing ，1967：679.

③ Denis Keenan. Smith and Keenam's English law ［M］. New York：Pitmam Publishing Ltd. ，1986：48.

使法院不作羁押报告人的决定。① 除规定附条件保释外，英国法还规定在一定条件下可以保释申请。例如，如果法院确信有充足证据认定犯罪嫌疑人、被告人在被保释期间可能不会自动归案，在被保释期间可能隐匿、毁损、灭失证据或者又再犯罪等；或者法院确信羁押被告人是为他的自身安全或自身利益考虑等。此外，英国法中还规定对某些特殊犯罪不得保释。如叛国罪，必须经高等法院法官或国务大臣作出决定；被告人在被判犯有杀人或强奸罪行后，再次被指控或被判犯有该罪时，不得保释。在英国，大约12%的被保释人未能按时出庭。②

　　2. 美国——权利保护的典范

　　作为移民国家，美国的法律制度也受到了英国的影响，但美国的法律制度并不完全是从英国照搬。美国司法机构和美国普通法的主体部分是在18世纪后建立起来的。在1776年发表的《独立宣言》中，美国政治思想家以"天赋人权"为理论依据，提出了"人人生而平等，他们都从造物主那里被赋予了某些不可转让的权利，其中包括生命权、自由权和追求幸福的权利。"③ 美国很多州的宪法都赋予了公民保释权。经过1789年《权利法案》（*The Bill of Right*）和《司法法1789》（*Judiciary Act of 1789*），保释制度得到了发展，非因死刑而被捕的人都应获得保释，而犯死刑罪的人，亦没有被完全剥夺保释的可能性，只要法官综合考虑犯罪性质和背景、证据的证明程度以及法律适用等因素后，同意被告人的保释，被告人仍旧可以获得保释。到了19世纪，美国出现了职业保释人公司，美国的保释制度也开始产生异化，曼哈顿保释计划的成功刺激了各州及美国联邦保释法的改革，减少了金钱在保释中的作用，增加了被告人保释的机会，也增加了保释决定的公正性。

---

　　① J. Raine，M. Willson. The Imposition of Conditions in Bail Decisions ［M］. Howard JCJ，1996：256.

　　② ［英］David Evans：《保释：英格兰和威尔士现行法和实践概览》，徐美君译，《保释制度与取保候审》，中国检察出版社2003年版，第26页。

　　③ 张学仁：《外国法制史资料选编》，群众出版社1988年版，第354页。

　　美国保释的方式有具结保证、无担保出庭保证书、保证人保释、现金保释及附加非金钱条件的保释。具结保释只要被告人承诺会如期出席法庭即可。无担保出庭保证书的保释与具结保释相似，不同的是被告人在同意按要求出庭的同时，也保证如果不按时出庭参加审判，会向法庭支付一笔保释金。保释金的数额由法院确定。现金保释要求法官确定一定的保释金数额，如果被告人不按要求出庭，就会没收保证金，如果被告人按要求出庭，就退还保证金。还有一些司法管辖区，法官可以允许被告人只交付保释金的一定比例，一般为10%，也称为定金保证。有的案件，法官可能还会要求被告人提供一定的财产担保。保证人保证通常为法官确定保释金数额，被告人及其家属向职业保证人提供一定佣金，由职业保证人向法院支付全额的保释金数额。被告人所支付的佣金数量通常为保释金数额的10%—20%。同样，职业保证人也可能要去被告人及其家属提供抵押物。如果被告人未按要求出庭，保证人将向法院支付保释金，并依据保证合同的规定，享有逮捕被告人，将其提交给法院的权力。无论被告人出庭与否，佣金都不会返还。

　　除此之外，法院还可以要求被告作出具结保证或无担保出庭保证书的同时，附加一些非金钱的条件，如不实施联邦、州或地方的犯罪；保持现有工作，如果尚未就业，应积极地寻求就业；继续就学或者开始学习；严格的禁止被保释人接触被害人或者证人；被保释人需要在指定的时间向指定的机关报道；不允许过度地饮酒，吸食或注射毒品、类毒品类药物；不允许隐匿、藏匿任何可能对他人造成威胁的武器等。在美国，根据美国司法统计署的研究，约有1/4的被保释者不能准时到庭。① 美国审前释放的途径很多，但在实践中，依然有1/3的犯罪嫌疑人无法获得保释。

　　3. 加拿大保释——羁押例外制度

　　作为英美法系的另一重要成员，加拿大1869年制定了《简易

---

　　① ［美］爱伦·豪切斯泰勒·斯戴丽等：《美国刑事法院诉讼程序》，陈卫东、徐美君译，中国人民大学出版社2002年版，第359页。

定罪法》、《审前程序法》和《刑事审判法》。根据这三部法规，轻罪的犯罪嫌疑人具有获得保释的权利，而重罪的保释决定权赋予了法官。1892 年，集刑法与刑事诉讼法于一体的《刑法典》将所有案件的保释决定权都赋予了法官。20 世纪 40 年代和 60 年代，加拿大分别受到英国严格保释制度及美国曼哈顿计划的影响，保释制度出现了曲折的发展。最终，加拿大皇家委员会（Royal Commission）支持了加拿大矫正委员会（The Canadian Commission on Corrections）的意见，认为：审前羁押应当尽量的不被采用，应当尽可能地使犯罪嫌疑人在审判前处于自由状态，通过更具体更有效的保释制度尽可能的使犯罪嫌疑人被保释。并且，委员会还提出如果检控方不同意犯罪嫌疑人获得保释的话，需要承担相应的举证责任，法官如果不同意犯罪嫌疑人获得保释则要充分说明其不同意的理由。①

加拿大现行《刑事法典》（1972 年）第十六部分——"强制被告人到庭和临时释放"，增加了警察有权在特定条件下释放犯罪嫌疑人；增加了法官的释放模式；缩小了保证金保释的范围；制定了规范的犯罪嫌疑人保释制度；增加了如果检控方不同意犯罪嫌疑人获得保释的话，需要承担相应的举证责任；建立了保释听审的规则；促使保释的复议和上诉程序更加的具体化。② 针对保释制度奉行两个准则：无罪推定及无罪的人享有自由。加拿大在《宪章》中规定合理保释是赋予所有犯罪嫌疑人的权利，并且在无充分理由的情况下不能轻易否定对犯罪嫌疑人的保释。警察和法官均能够决定犯罪嫌疑人是否可以获得保释，警察有权依据犯罪嫌疑人可能被判处刑罚的轻重程度、依据公共利益的需要或者依据犯罪嫌疑人的可信程度来判断是否允许犯罪嫌疑人获得保释，如果经判断认为犯罪嫌疑人可获得保释的，则警察可在犯罪嫌疑人签署符合规定的法律文书后，将其释放；或者在审判前通过能够保证犯罪嫌疑人准时到

---

① Coory Publ. The Reform of Bail in Canada, Criminal Law Review [M]. Canada: Vancouver University, 1998：645.

② Gary T. Trotter . The Law of Bail in Canada (second edition) [M]. 12 - 13.

庭的理由，将已经被羁押的犯罪嫌疑人释放。不能通过上述方式释放的犯罪嫌疑人需要及时移送法院，由法官启动听审程序最终判断是否允许犯罪嫌疑人被保释。

（三）日本——权力和权利的混合

日本的保释可以依请求作出，也可以依职权作出。日本刑事诉讼法有9个条款涉及保释，明确保释为羁押后的措施。被羁押的被告人或其辩护人、法定代理人、保佐人、配偶、直系亲属或者兄弟姐妹可以为被羁押人申请保释，法院也可以依职权准许保释，但法院在作出是否准予保释的决定前要听取检察官的意见。并且通过对保全证据、保护被害人、证人及家属、罪责刑期等几种不适用保释情形的规定，确定了保释的适用条件。在日本，保释的方式有保证人和保证金两种方式，保证金额与犯罪性质和情节、证据的证明力、被告人的性格及财产相关，并可附加其他限制条件。保证金可以是犯罪嫌疑人本人交纳，也可以是其他人交纳，并可以有价证券的形式交纳。只要被告人符合法定的保释条件，就可以经过被告人的代理律师或者被告人的近亲属提出申请后被保释，所谓法定的保释条件：一是被告人所犯的罪行不能过于严重，也就是说被告人所涉嫌犯罪的罪行可能被判处一年以下的惩役或监禁时才属于符合法定的保释条件；二是被告人从未被判处过严重的刑罚；三是被告人不能是惯犯；四是被告人没有条件或企图毁损、灭失证据；五是被告人没有侵害或威胁被害人、证人或者鉴定人等与本案有厉害关系的人的条件或企图。而法官依职权的保释则不受上述条件的限制，只要认为适当，或者在因羁押期限被不适当延长时，可以准许保释。

撤销保释的理由有：经传唤没有正当理由而不到场时；逃亡或者有相当的理由足以怀疑被告人将逃亡时；隐匿、毁损或者灭失证据时；侵害、威胁或者企图侵害、威胁被害人、证人或者鉴定人等与本案有厉害关系的人；违反其他不遵守保释规定的行为。如果保释被撤销，审判机关将根据被告人的过错程度对被告人所缴纳的保证金作出相应的罚没。被保释的人在被宣判后，因执行判决受到传唤无正当理由而不到场时，或者逃亡时，法院依据检察官的请求，应当裁定没收保释金的全部或者一部分。作出撤销保释的裁定后，检察事务官、司法警察职员或者监狱官吏，应当根据检察官的指挥，在向被告人出示羁押证副本及撤销保释的裁定的副本后，将其收监。

（四）各国保释制度的比较借鉴

如前所述，保释制度起源于英国，其发展的过程中经历了矫枉过正的阶段，并得以修正，目前该项制度已经相对成熟，无论是英美法系还是大陆法系国家，犯罪嫌疑人审前被羁押的比例都相对小，保释得以广泛应用。由于英美法系刑事诉讼奉行当事人主义，其将保释作为犯罪嫌疑人的一项权利，保释的方式也是多种多样，逐渐减少金钱在保释中的作用，增加犯罪嫌疑人得以保释的机会，促进司法的公正。大陆法系则延续职权主义的特点，保释作为羁押的替代措施或者一种司法管制，同样能够得到广泛的适用。日本融合了两大法系的特点，建立了司法权力和个人权利相结合的保释制度。各国保释均有相近的附加义务，违反附加义务则需要受到相应的惩罚，也规定了不得保释的情形。更为重要的是，即使在美国，也有近 1/4 的被保释人未能准时出庭，但该项制度并为此因噎废食。

四　完善取保候审制度的建议

新刑事诉讼法虽然对取保候审的相关规定进行了修改和完善，但是仍有不足之处，欲使取保候审得以准确适用，还需进一步完善相关规定。具体建议如下。

（一）构建以检察机关为审查主体的司法审查制度

作为强制措施的一种，取保候审对犯罪嫌疑人、被告人的基本权利进行了一定的剥夺和限制，这一程序性问题，涉及被取保候审人的切实利益，需要裁判机制保障。程序性裁判机制的存在，就为司法机构在国家权力和个人权利之间发挥平衡器的作用，提供了机会和场合。① 因此，几乎所有现代法治国家都确立了这种旨在对强制性侦查行为进行司法控制的程序性裁判制度，② 一般称为司法审查制度。司法审查可以分为司法授权和司法救济。司法授权是指追诉机关进行强制处分必须事先经过独立的司法机关批准，获得司法令状，并在司法令状规定的范围和要求内实施；当然，在紧急情形之下，来不及经过司法机关批准的，追诉机关可以在系统内部的严格控制之下依法自行决定实施强制侦查，但事后必须不迟延地申请司法机关予以审查确认。司法救济是指如果追诉机关行使强制处分权或者滥用自由，对强制处分的相对人造成不当侵害，相对人有权据此向独立的司法机关寻求救济、获得赔偿。③ 结合我国司法权的配置情况，笔者认为，拘传、拘留可视为侦查机构在紧急情况下，来不及报批而采取的强制措施。而对于取保候审、监视居住、逮捕等强制措施，可以将检察机关确立为司法审查的主体，从而确实保障犯罪嫌疑人、被告人的权利，并赋予其救济途径。

取保候审的具体程序有三种，一种是直接申请取保候审的程序。即侦查机构对于拟采取取保候审的犯罪嫌疑人，向检察机关侦查监督部门提出申请，检察机关侦查监督部门可以根据案件的情况，决定取保候审的期限及保证金的额度。另一种是经逮捕听证程序或者检察机关侦查监督部门审查，认为不需要逮捕的，在该程序中，检察机关侦查监督部门根据案件的具体情况，确定保证金和保证期限，作出取保候审的决定。此外，在进行羁押必要性审查时，如果羁押必要性裁决主体认为无继续羁押犯罪嫌疑人、被告人的必要，可以在审查后，直接决定释放犯罪嫌疑人、被告人，采用取保

---

① 陈瑞华：《问题与主义之间——刑事诉讼基本问题研究》，中国人民大学出版社2003年版，第34页。

② 同上。

③ 孙长永：《强制侦查的法律控制与司法审查》，《现代法学》2005年，第5、72—74页。

候审的措施，并进一步确定保证金额度和取保候审的期限。

（二）将取保候审作为权力与权利的结合

取保候审适用阶段有两个，一是在侦查机构申请逮捕之前，根据侦查情况、犯罪嫌疑人情况等案件综合情况，依职权或犯罪嫌疑人申请，适用取保候审。二是在逮捕后，在犯罪嫌疑人、被告人不再具有羁押必要性的情况下，依职权或犯罪嫌疑人申请，作为一种羁押的替代措施，适用取保候审。对应前文所述，取保候审应设计为权力和权利的结合。

如前所述，多数域外国家均赋予了犯罪嫌疑人保释的权利，在我国，取保候审制度虽然规定的较为明确，但其还是存在些许瑕疵，主要表现为犯罪嫌疑人获得取保候审的难度较大，特别是非本地居民，因此，在这一点上还需要改进，使被告人更容易地被取保候审，这样才能更进一步地体现出我国司法的公正性。我国的取保候审制度在表现形式上与英美国家的保释制度有重合的地方，均为将犯罪嫌疑人、被告人免予羁押的强制措施，所以我国的取保候审制度在作为刑事强制措施的同时，还应当如英美等国一样作为一种保障公民权利的手段。

（三）进一步明确规定取保候审的期限

新刑事诉讼法在取保候审的期限方面，沿用了原法的规定，"人民法院、人民检察院和公安机关对犯罪嫌疑人、被告人取保候审最长不得超过十二个月"。依据法律规定，法院、检察院和公安机关对取保候审均具有决定权，在刑事诉讼的不同阶段分别适用，即便如此，不超过十二个月的期限，是对被取保候审人而言，还是对司法机关而言，含义不清。如果对被取保候审人而言，那无论是哪个机关作出了取保候审的决定，只要实施在其个人身上取保候审的期限超过十二个月，就必须解除取保，变更强制措施。而如果是针对三机关而言，还可以理解成每个机关取保候审的期限都不得超过十二个月，那么累加到被取保候审人身上，则要表述为不得超过三十六个月，差异较大。结合前述对司法审查制度的构建，取保候审的决定机关统一为检察机关后，笔者建议取保候审的期限应该涵盖整个刑事诉讼过程。严重刑事犯罪等情况，可能判处十年以上刑罚的被告人，已经排除在取保候审的适用对象之外。那么其余情形下，结合我国审限的规定，一般情况下，可以根据诉讼阶段设定取保候审的期限，如可以规定取保候审期限到提起诉讼或到判决生效，而从保障犯罪嫌疑人、被告人权利的角度，取保候审期限应该设定上限，建议以不超过二十四个月为宜。

（四）规范用语，明确体现立法精神

经过前述分析，可以得出我国将扩大适用取保候审的结论。新刑事诉讼法虽然对取保候审的规定作了较大幅度的完善，但是在表述方面，仍给人一种"犹抱琵琶半遮面"的感觉。"可以取保候审"，这其中的"可以"，蕴含着选择的意味，而如前文所述，五种强制措施中，只有逮捕和取保候审能够成为重要备选项。除去应当逮捕的情形外，如果其他的情形在逮捕和取保候审之间选择适用，那这其中体现出的是立法思想，揣摩之后的结论便是：逮捕是一种最基本的强制措施，取保候审可以在某些情况下选择适用。这与"羁押是例外"的现代法治精神、与权利保护的时代脉搏是明显背道而驰的。因为"捕"就意味着押，即使增加了羁押必要性的审查，捕后相当一段时间的羁押也是难以避免的。因此，笔者建议将适用取保候审的表述修正为"应当取保候审"，以此来体现出其他强制措施适用的例外情况。

（五）建立取保候审信息平台

提高办案效率，增强执法效果，现代化的科技手段是我们必须依赖和借助的平台。可以借鉴国外保释制度先进国家的经验（如英国有 PNC 等专门机构，美国有审前服务机构等），建立取保候审信息平台，包括犯罪嫌疑人的基本信息、取保候审的时间和期限、取保候审的方式及附加义务、有无不遵守取保候审的前科记录，总之，在取保候审信息模块中，取保候审相关的所有信息都要录入其中。这个信息平台由公安机关维护，在公安系统中应当做到全国联网，将其与公安机关已经搭建的人口信息网络平台相融合，设定查询权限，公安机关、人民检察院和人民法院在作出取保候审决定之前，必须进行信息查询，作出取保候审决定后，交由公安机关执行之时，公安机关相关部门和人员应当立即将相关信息录入到这个平台之中。

我国现阶段，各行业的发展，尤其是出行方面的实名制可以使取保候审的监控更具有可操作性。取保候审信息平台中的部分信息应当与相关部门共享。如铁路购票、机场、海关、酒店、银行这些被取保候审人脱逃可能的需求，均应设立取保候审信息查询和提示功能。为保护犯罪嫌疑人的隐私权，可以仅设定正在取保候审期间的犯罪嫌疑人的提示功能。这样，如果是在被取保候审期间的犯罪嫌疑人，当输入其身份信息时，系统中会自动提示其处于取保候审状态，相关人员就要将该被取保候审的行为反馈到系统之中，由公安机关进行分析判断，如取保候审人有脱逃的嫌疑，可以及时抓捕。如某被取保候审人准备乘飞机从 A 地飞往 B 地，当被取保候审人到达机场办理登机手续之际，随着其身份信息的输入，取保候审信息平台立即发出提示信息，后台操作人员则马上核实情况，如果此前其行为已经获得公安机关的许可，公安机关在该信息平台中应立即录入，如果其行为未经公安机关批准，则信息平台发生警报，公安机关监控人员可以立即联系机场公安部门，及时控制被取保候审人。总之，建立取保候审信息平台，既可以为决定取保候审适用提供信息帮助，又可以对被取保候审人进行监控，被取保候审人员的流动性问题能够有效控制，外来人员取保候审的第一顽疾也就能够得以医治，是扩大取保候审适用的当务之急。

（六）构建以被取保候审人为中心的风险防控体系

1. 加强教育，使被取保候审人主动遵守相关规定和义务。这就需要对将要被采取取保候审措施的犯罪嫌疑人、被告人及为犯罪嫌疑人、被告人提供担保的保证人进行充分的说明和法制教育，通过阐述取保候审的法律规定及违反取保候审规定可能使他们承担不利的法律后果，来使被采取取保候审措施的犯罪嫌疑人、被告人及为犯罪嫌疑人、被告人提供担保的保证人认识到遵守取保候审相关限制制度的重要性，从而使犯罪嫌疑人、被告人或者担保人能够自觉、积极地遵守取保候审相关的限制制度，主动放弃违反取保候审相关限制规定及所附义务的想法。可以通过制作、宣导取保候审权利义务告知书等方式实现。

2. 调动社会力量，完善配套机制。取保候审的实施需要充分调动社会各方力量，完善社会配套机制，各级地方政府应当强化政府责任意识，建立以"政府主导型"或"社会机构（含企业）参与型"的社会救济模式，设置专项基金并指定专门机构负责落实犯罪矫治的社会支持保障制度。该专项基金及其专门机构主要负责对被取保候审人等实施教育和救济。如成立关爱教育基地和帮教基地，帮助教育改造被取保候审人，积极鼓励企业参与其中，为被取保候审人提供工作，尤其是符合取保候审条件，但无法提供保证人和足额保证金的外来人员犯罪嫌疑人，让被取保候审人在企业边接受教育、边工作、边候审，能够让被取保候审人获得有效的帮教，也能够避免羁押的交叉感染，减少对外来人员与本籍人员在取保候审方面的差别待遇，促进司法平等，促进社会和谐。为鼓励企业积极参与到教育、挽救之中，可以考虑给参与帮教、提供劳动岗位和就业机会的企业一定的税收优惠政策。

3. 罚当其罪，违反取保候审义务的惩罚对号入座，让被取保候审人不得不遵守相关规定和义务。新刑事诉讼法的进步是将违反取保候审义务的处罚更加明确，对于已交纳的保证金，可以全部或部分没收，并可以要求重新交纳保证金、提出保证人乃至变更强制措施。但是作为一种程序性的裁判和制裁，应当将行为的严重性与处罚措施相对应。"区别情形"，过于笼统，应当通过法律的明确性来进一步规范犯罪嫌疑人、被告人的行为，规范司法机关的行为，避免权力的滥用。如可区分行为和结果，对于没有造成妨碍诉讼或者再犯罪结果的，可以责令具结悔过；对于违反多项禁止性义务的，尚未造成严重后果的，可以没收部分保证金；而对于出现干扰诉讼的情况发生时，则可以没收全部保证金，并责令重新交纳保证金或提出保证人；对于严重干扰诉讼或者再犯罪的，则需要变更强制措施，并施以更加严厉的惩罚。可借鉴一些国家的做法，例如高额罚款或者对不遵守取保候审相关制度的行为设置相应的罪名，对情节严重的处以刑事处罚。这样就能够更好的使被采取取保候审措施的犯罪嫌疑人、被告人出于畏惧而不敢于违反法律规定，可以使取保候审的强制措施取得更好的执行效果。其次，建立有效的措施以防止被采取取保候审措施的犯罪嫌疑人、被告人做出妨碍司法的行为，包括对证人和证据的保护，在被采取取保候审措施的犯罪嫌疑人、被告人有毁损、灭失证据等妨碍司法的行为时，应当坚决予以打击，构成犯罪的，依法判处刑罚，不构成犯罪的也应当通过其他法律规定给予处罚。因此，建议出台司法解释和细则，明确被采取取保候审措施的犯罪嫌疑人、被告人不遵守取保候审相关制度的行为对应的制裁方式，增加管控力度，以达到威慑被采取取保候审措施的犯罪嫌疑人、被告人，使其遵守相关规定的目的。

（七）设立救济机制

无救济则无权利。司法救济是现代法治国家的一个基本特征。刑事诉讼中犯罪嫌疑人的权利更需要得到国家司法的救济。设立救济机制主要分两部分内容，一是对拒绝变更强制措施的救济，即犯罪嫌疑人方申请变更强制措施为取保候审，权力机关未予批准的救济；二是对不当处罚违反取保候审义务的救济，即权力机关认为被取保候审人违反了取保候审的义务，对其进行处罚，被取保候审人不服而进行的救济。

对于犯罪嫌疑人方申请取保候审的救济，域外国家的保释制度一般有两种救济方式：一是申请复审；二是提出上诉。对于我国法律的相关建议，笔者在前述章节中已经论述，在此不做赘述。如果说对拒绝变更强制措施的救济是从犯罪嫌疑人权利的角度出发，那么对不当处罚违法取保候审义务的救济，在保障犯罪嫌疑人权利的同时，也是要遏制司法腐败。在这其中，由于实践中出现较多的问题是违法没收保证金，甚至是设置"警察圈套"，在取保候审即将到期之际对被取保候审人突击检查，抓住一些小的问题后便大做文章，没收全部保证金，进行"创收"。现行法律已经规定将保证金缴纳到银行，以防止保证金被异化为创收的手段。为使取保候审能够得到更好的发展，犯罪嫌疑人的权利得到完整的保护，避免保证金被随意没收，要明确规定没收保证金的情形，避免公安机关在执行过程中的随意性，并对公安机关的行为进行监督。

赋予犯罪嫌疑人、被告人对公安机关没收保证金的决定不服的救济的权利以及对其他违法取保候审规定的制裁行为的救济权利。设立复议和复核制度，如果犯罪嫌疑人、被告人对公安机关没收其全部或部分保证金决定不服的，或其他因违法取保候审规定的制裁行为不服的，可以在收到公安机关相关制裁的书面决定的 5 日内申请复议，公安机关应该在 10 日内作出复议决定。如果经复议维持原决定的，犯罪嫌疑人、被告人还可以在收到书面决定后的 5 日内，向作出决定的公安机关的上一级机关申请复核。上一级公安机关应该在 15 日内作出复核决定并通知下级公安机关及犯罪嫌疑人、被告人。笔者认为，对于这种对公民的人身权利和财产权利有终局性的裁断行为，应以司法裁断为终局性，应当赋予公民诉权。但是考虑现阶段我国民众的法律意识和司法实际情况，可以一小步一小步地走，暂且在公安机关内部复议，以避免诉权的滥用。待实践操作一段时间后，再进行下一步的完善。

（八）建立科学的考评机制

一项制度若想切实发挥其作用，不但有相对完备的制度设计，还要有科学的考评机制。我国取保候审一直未能普遍适用，主要原因有三方面，一是为了办案便利，因为被羁押的犯罪嫌疑人，无论是提讯还是调取证据，均相对便捷；二是为了规避犯罪嫌疑人脱逃的风险，毕竟羁押起来的犯罪嫌疑人，一般可以不必评估其是否具有不按时出庭、逃避法律制裁的风险；三是为了规避办理人情案、关系案的嫌疑，由于长期积累及司法实践的现状，90%以上涉罪的犯罪嫌疑人均被逮捕，那么未被逮捕便被视为一种特例，自然要另眼相看，多加审视。笔者认为，如果我国取保候审能够如果域外国家的保释制度一样，得到普遍的、广泛的适用，取保候审被视为常态，就不会有法律之外的担忧和顾虑，而不依赖口供办案，一直我国刑事诉讼所倡导和要求的，对犯罪嫌疑人的取保候审从客观上可以起到帮助侦查机构提高收集调取证据的能力的作用。不过，只要未将犯罪嫌疑人羁押，就必然产生其脱逃或不按时出庭的可能性。目前我国因取保候审的适用比例较少，故取保候审后犯罪嫌疑人影响诉讼顺利进行的比例也极低，几乎未被列入研究视野。但是，随着取保候审的大量适用，犯罪嫌疑人被取保候审后脱逃或者未按时出庭的比例必然增加，应该从实践出发，根据实际情况设定科学的比例，允许刑事诉讼中存在一定比例的犯罪嫌疑人脱逃或未按时出庭的情况，减少办案人员的办案压力和顾虑，促进取保候审制度发挥作用。

第二节　适度适用监视居住

监视居住是一种部分限制而非完全剥夺人身自由的措施，在监视居住的状态下，公民仍然享有相当程度的人身自由。只不过，其行为处于有权的国家机关的监督之下。从宪法的角度分析，监视居住侵犯的主要是公民的隐私权，而非人身自由权。只是在将隐私权作为人身自由权的延展部分来考虑的情况下，才将监视居住作为侵犯人身自由的一部分。从刑事诉讼的角度看，现行刑事诉讼法的规定将监视居住作为一种限制人身自由而非剥夺人身自由的措施来设置。根据法律规定，人民法院、人民检察院、公安机关，均有监视居住的决定权。在符合逮捕条件的情况下，法律规定了五种可以适用监视居住的情形，总体上是从两个角度出发，从人性化、理性、平和的角度，法律规定对于符合逮捕条件的犯罪嫌疑人，如果患有严重疾病、生活不能自理或者处于哺乳期、怀孕以及系生活不能自理人的唯一抚养人，需要照顾生活不能自理的人的，可以监视居住；从保障诉讼顺利进行的角度，规定未于羁押期限之内审结、办理案件需要或者案件本身的特殊情况需要的，可以监视居住。此外，对于不能交纳保证金和提供保证人的犯罪嫌疑人，虽然满足取保候审条件，亦可以监视居住。根据现有法律规定，监视居住可以分为普通的监视居住和指定居所的监视居住。

一　监视居住的功能定位

依据法律规定，监视居住有两种功能：一是替代取保候审，在满足取保候审条件的情况下，如果犯罪嫌疑人、被告人不能提出保证人、不能交纳保证金，可以监视居住；二是替代逮捕，在符合逮捕条件的情况下，一般是优先适用逮捕，只是出现特殊情况，如犯罪嫌疑人、被告人患严重疾病、生活不能自理、怀孕和哺乳及羁押期限届满、办案需要等，才适用监视居住。

需要指出的是，有学者认为羁押期限届满变更为监视居住和因案件特殊情况及办案需要监视居住的情形实际上将监视居住延伸适用至一切符合逮捕条件的犯罪嫌疑人、被告人。因此，立法者的意图是要将监视居住的适用对象予以扩大，并在一定程度上替代羁押。① 笔者不完全赞同此种观点，且在当前社会中，也不容易实现扩大适用监视居住。一是刑事诉讼法修改，将取保候审和监视居住相分离，使监视居住的适用条件、适用对象更加清晰，是立法进步的表现，从适用条件的角度，在符合取保候审条

---

① 易延友：《刑事强制措施体系及其完善》，《法学研究》2012 年第 3 期，第 161 页。

件或逮捕条件的情况下，不便于采取逮捕措施或者无法适用取保候审措施的，则可以选择适用监视居住，说明监视居住虽是介于取保候审和逮捕之间的一种强制措施，但仍是以取保候审和逮捕为主，监视居住仅是一种特殊情况下的适用；二是监视居住的适用条件和逮捕的适用条件基本相同，不适用逮捕的原因只是因为犯罪嫌疑人自身情况，生活不能自理或患有严重疾病，以及怀孕和哺乳，不便于逮捕，而取保候审又无法防止其社会危险性，或者由于案件进展情况，羁押期限已经届满，但尚未审结的，所以选择监视居住，这些均是原刑事诉讼法已有内容，只是更加明确，适用对象未扩大；三是案件特殊情况及办案需要适用监视居住的情形，从表面上看，似乎是新增加的一种适用条件，但在实践中未必能够真正扩大监视居住的适用对象，替代逮捕。原刑事诉讼法规定，可能判处有期徒刑以上刑罚，适用监视居住不具有社会危险性的，可以适用监视居住。同样，就普通的监视居住而言，首先要保障其不具有社会危险性，在司法实践中还需适当引入具有较高科技含量的措施，如采用电子监控等手段，从诉讼成本和司法资源的角度，这些都非社会发展现阶段能够普遍适用的方式，而具有社会危险性的，如果不逮捕，则可能适用的是指定居所的监视居住，然而从现实情况看，指定居所的监视居住需要投入大量人力、物力，亦非能够大量运用的方式；四是从法律条文的特点看，法律条文具有滞后性，这是社会发展及法律更新速度所决定的，即便修正后的法律，也不能超出社会发展状况，进行预见性的规定，那样的法律规定只能成为一纸空文。而针对监视居住适用条件和适用对象的规定，只是使该项制度执行起来有法可依，将实践中一些执法惯例合法化，并不能真正起到扩大监视居住的适用的作用。虽然监视居住亦是逮捕替代措施的一种，但其不具有大量适用的现实基础。

二　监视居住的现状

监视居住尤其是指定居所的监视居住，是一种准羁押性的强制措施。从立法意图上看，其强度应该介于取保候审和逮捕之间。但指定居所的监视居住由于规定不够完善，缺乏监督，其随意性较大，根据指定的居所情况及犯罪嫌疑人所受待遇，指定居所的监视居住的强制程度的变化比较大，可以从低于取保候审的强度直至高于逮捕的强度。如果指定的居所是犯罪嫌疑人几处住所中的一处，公安机关监管人员与被指定居所监视居住之人已经建立起了良好的关系甚至达成某种共识，犯罪嫌疑人不但不会受到太多的约束，且被指定居所监视居住的时间又能够折抵刑期，则此种指定居所的监视居住的强制程度甚至小于取保候审；如果指定的居所情况优于看守所，负责执行的公安机关办案人员能够具有较强的法律意识和人权理念，则指定居所的监视居住的强制程度可能介于取保候审和逮捕之间；如果适用指定居所的监视居住的情况增加，公安机关从警力资源配备的角度，将被监视居住的犯罪嫌疑人统一看管在一个地点，那么这个地点的条件必将逐渐趋同于看守所。此时，指定居所的监视居住的强制程度等于逮捕；从我国现在的司法实际出发，如果指定的居所的监控设备等未达到看守所的标准，不能在客观上造成刑讯逼供的不能，也就不能从根本上杜绝在监视居住场所发生的刑讯逼供行为，加之指定居所的监视居住未规定独立第三方（如检察机关）介入的审查，最长达6个月的期限中均在一个机构的监管之下，可谓"无障碍"适用，那么从这个意义上讲，指定居所监视居住的强制程度甚至可能强于逮捕。

三　慎用指定居所的监视居住

有学者认为新刑事诉讼法第73条关于指定居所监视居住的规定，是另一种限制犯罪嫌疑人人身自由的做法，之所以如此描述该项规定，主要是因为该项规定不但指定了对犯罪嫌疑人的监视居住地点，并且还与最终的刑期相关联折抵，这样就与普通的监视居住有很明显的区别。对特定案件指定监视居住的规范与"双规"、"双指"类似，这已与作为羁押替代措施的监视居住基本不限制自由的本质相冲突，实质上已经成为第六种强制措施。①

笔者认为这种担忧不无道理，主要因为理论设计上，监视居住弱于逮捕的强制措施，而对于已经符合逮捕条件的危害国家安全犯罪、恐怖活动犯罪等严重犯罪，不选择逮捕的强制措施，却选择强制性略逊一筹的监视居住，立法本意何在？指定居所的监视居住一种理解是法律对现有司法实践的一种接受，在刑事诉讼法修改前，侦查机构在侦查过程中，根据案件情况或者办案需要，也会把犯罪嫌疑人控制在某一地点，实行指定居所的监视居住，这一情况一直为很多学者诟病，而指定居所的监视居住制度的出台，恰是将此行为合法化。另外，指定居所的监视居住容易让人理解成是立法机关欲将"双规"等行政手段纳入刑事诉讼范畴，使其"合法化"。一方面，可以理解成是立法者欲将实践中已经存在的"双规"纳入刑事诉讼法，合法化的同时，对其进行约束，体现出对人权的保障；另一方面，又不得不理解为其在为侦查机构创造侦查便利。对于罪行严重的应当逮捕的犯罪嫌疑人、被告人，选择指定居所的监视居住的强制措施，结合关于指定居所的监视居住折抵刑期的规定，确实可以理解为指定居所的监视居住的强制性应大于等于逮捕。而按照现有法律规定，指定居所的监视居住却规避了检察机关的司法审查，完全由侦查机构自行决定，是严重的问题所在，容易引发高度羁押化倾向，出现不当限制、剥夺人身权利、隐私权利乃至严重后果的情形。② 而非看守所羁押，又是可以长达 6 个月的羁押，其羁押场所由于不具备看守所规定的相关限制，不利于犯罪嫌疑人的人权保障；即便不从人权保护的角度，从权力容易滋生腐败的角度，侦查机构将犯罪嫌疑人指定居所的监视居住 6 个月，便可折抵 3 个月的徒刑或 6 个月的拘役。在没有任何司法机构介入，没有审查、没有监督的情况下，被告人 3 个月或 6 个月的刑期不翼而飞，这显

---

① 左卫民：《进步抑或倒退：刑事诉讼法修改草案述评》，《清华法学》2012 年第 1 期，第 100 页。

② 同上书，第 99 页。

然是不恰当的。

例如某涉嫌危险驾驶罪的犯罪嫌疑人，被公安机关在其住所（非常住所）实施指定居所的监视居住，其日常工作或生活活动完全可以向公安机关报告，并获准，故不会影响其任何工作和生活。最终，法院判决该被告人哪怕是该罪名最严厉的刑罚，拘役6个月，而此期间其恰恰已经被指定居所监视居住6个月，则判决生效之日，此人便是彻底自由之时，甚至可以说，从侦查开始的整个诉讼过程，并未对该人产生什么影响。这是在重视犯罪嫌疑人人权保护之际可能出现，却容易被忽略的新型腐败问题。

换句话说，最终被判处6个月拘役的犯罪行为本身社会危险性并不是很大，不必过于关注其而分散了有限的侦查资源，但是，如果由于法律规定的不完善，造成人为的钻空子，导致相同的行为受到的处罚可能存在较大的差异，或者说犯罪嫌疑人可以较为轻松地逃避惩罚，本身不符合现代法治的思想，如果因此产生民愤民怨，更是因小失大，得不偿失。

四　监视居住的完善

比较对监视居住的限制要求与对取保候审的限制要求，可以发现，监视居住直接将犯罪嫌疑人控制在其住所或指定的居所，而取保候审一般限制到犯罪嫌疑人所居住的市、县，可以说是在活动范围的差异。此外，监视居住和取保候审的附加义务并无本质差异，只是监管会见通信权、提存相关证照，属于监视居住必须附加的条件，而取保候审可以选择适用。因此，笔者对监视居住制度的完善建议与取保候审制度的完善建议基本相同，因被监视居住人脱逃的可能性不大，且笔者认为监视居住的强制措施并不具有在现阶段的司法实践中大量适用的现实基础，故此处不做大篇幅论述。需要强调的是，指定居所的监视居住必须要受到严格的限制，检察机关监督部门要对指定居所的监视居住进行严格的事前审查，审查是否应该对犯罪嫌疑人适用指定居所监视居住的措施，审查指定的居所是否符合规定，还要在指定居所监视居住的执行过程中给予密切的关注和监督。

指定居所的审查和决定程序，应该比照逮捕的听证程序设定。或者经逮捕听证程序，决定不对犯罪嫌疑人、被告人实施逮捕，而是采取指定居所监视居住的措施。而普通监视居住的审查和决定程序，应当比照取保候审的决定程序设定。

结　论

　　逮捕制度是刑事诉讼中的一项基本制度，具有典型的双面性特点，一面是被损害的国家和社会公众的利益，一面是犯罪嫌疑人的权益，如果适用偏颇，必然造成逮捕制度的异化，或者放纵了犯罪嫌疑人、影响了对犯罪行为的追诉，或者异化为一种惩罚性措施，甚至是对犯罪嫌疑人的恣意羁押。各国对审判前逮捕及羁押的强制措施均严格限制。而相对应西方国家10%的羁押比例，我国经过几番改革，仅有14%的非羁押比例。只有制定相对完善的法律制度，严格按照法律的规定，遵循比例性原则，遵循羁押最后的原则，在国家主权与权力制约、功利主义与人权保障、求真主义与无罪推定间找到切合点，实现各种利益的平衡，才能最大化实现逮捕的程序性保障目的。笔者从我国现实情况出发，着眼于司法实践，以期对实务工作有所启发。

　　逮捕作为一项剥夺犯罪嫌疑人人身自由权利的强制措施，这种较大的强制性及对犯罪嫌疑人权利的损害性要求逮捕必须遵循法定的听证程序。在这一程序中，犯罪嫌疑人方的意见要得以充分的听取，辩护人作为法律专业人士也要参与其中，而主张实施逮捕的侦查机构，需要提供证据证明犯罪嫌疑人具有逮捕的必要性，这些证明包括保全证据、保全证人甚至保全犯罪嫌疑人自身的需要，亦包括社会危险性的防范，侦查机构在证明犯罪嫌疑人具有上述社会危险的可能性要达到高度的盖然性标准，只有确实存在上述可能性的前提下，才有对犯罪嫌疑人实施逮捕的必要性。而犯罪嫌疑人方则仅需要对证据或者观点，使侦查机构证明的问题形成疑点即可。在一个相对平等的平台上，犯罪嫌疑人、辩护人与侦查机构就逮捕的必要性问题展开充分的辩论，检察机关侦查监督部门作为独立的、中立的第三方，给予裁判。而根据目前我国民众所具备的法律意识和法律知识情况，结合我国司法资源的配置情况，现阶段，设计以检察机关依职权启动逮捕听证程序为主，犯罪嫌疑人依权利启动逮捕听证程序为辅的模式，如果检察机关认为逮捕的必要性存在疑问、对证据的认定等问题具有不确定性的，可以依职权启动逮捕听证程序。而其他情况，检察机关通过讯问犯罪嫌疑人，了解犯罪嫌疑人对犯罪行为的认知及态度，再根据卷宗证据情况，进行是否逮捕的裁判。

羁押必要性审查是新刑事诉讼法的新规定，也是笔者论述的创新之处。笔者深入剖析羁押必要性问题，认为羁押必要性的决定权与审查权相分离，依据现有法律规定，当前语境下的羁押必要性审查，专指检察机关依据法律监督职能，对被羁押的犯罪嫌疑人的羁押必要性进行审查，是对逮捕后羁押状态的一种救济制度，由于逮捕后具有法定的 4 个月甚至更长时间的羁押期限，为避免犯罪嫌疑人的权利被过度侵犯，适时对其羁押必要性进行审查，及时变更强制措施，是法律对人权保障的体现。根据刑事诉讼的不同阶段，从侦查阶段、审查起诉阶段到审判阶段，每个阶段均都其程序的主导者，分别为侦查机关、检察机关公诉部门和人民法院，每个阶段的程序主导者拥有该阶段的羁押必要性决定权，决定犯罪嫌疑人、被告人是否需要继续羁押。从法律监督角度进行审查的检察机关，根据各个阶段的监督主体，确定各个阶段的审查主体，检察机关的审查可以依职权进行，也可以从受理犯罪嫌疑人、辩护人方的申诉或者其他途径得知的信息进行审查，并通过给予决定权机构建议的模式实现。

如果能够有效降低逮捕强制措施的适用率，那么另外一个问题就凸显出来，即逮捕的替代措施。分析现有的强制措施体系，笔者认为取保候审能够成为替代逮捕且大量适用的强制措施。基于此种想法，通过调查问卷的形式，打消侦查机构及司法机关对适用取保候审的非法律层面的顾虑，证明取保候审已经具有生存的社会基础和土壤。据此，提出完善取保候审制度，使其能够被有效实施，保障犯罪嫌疑人按时到庭，并增加犯罪嫌疑人及保证人的违法成本，加强对其教育，让其明白违反取保候审附加义务的严重后果，使其不敢违反取保候审的相关规定，从而按时出庭接受审判。监视居住作为另外一项可能替代取保候审的强制措施，在现阶段不具有普适性，需要耗费大量的人力、物力和财力，造成司法资源的浪费，不宜选择。

在论述逮捕必要性和羁押必要性的过程中，笔者主要从制度完善的角度进行了论述。事实上，逮捕必要性和羁押必要性的审查，确定原则之后，在实践中，更多的是对各种条件的分析，尤其是如何衡量一种可能性的程度，当具有逮捕必要性的条件和不具有逮捕必要性的条件同时存在时，如何分析和判断。因为缺乏大量的实践基础，笔者不敢贸然擅断。为了规范逮捕的适用，减少检察机关侦查监督部门在批准（决定）逮捕的过程中，过大的自由裁量，笔者认为可以借鉴《人民法院量刑指导意见（试行）》的模式，设定基准，对具有逮捕必要性和不具有逮捕必要性的各项条件分别设定分数值，综合评判后，视为大于 60 分的情况为具有逮捕必要性，批准（决定）逮捕。但这一模型的设定需要大量的数据支持，反复推敲，由于时间和经验的关系，笔者未能详细论述，需要进一步研讨。此外，在考评机制方面，允许一定的脱逃率，是严格适用逮捕及扩大适用取保候审的另一保障条件，但脱逃率的科学设定，尚需在实践中摸索前行。

参考文献

A．普通图书

[1] 孙谦：《逮捕论》，法律出版社 2001 年版。

[2] 王铁崖：《国际法》，法律出版社 1995 年版。

[3] 浦兴祖：《西方政治学说史》，复旦大学出版社 1995 年版。

[4] [法] 卢梭：《社会契约论》，何兆武译，商务印书馆 2003 年版。

[5] [德] 康德：《法定形而上学原理》，沈叔平译，商务印书馆 1991 年版。

[6] [德] 马克斯·韦伯：《论经济与社会中的法律》，张乃根译，中国大百科全书出版社 1997 年版。

[7] [美] 罗伯特·达尔：《现代政治分析》，王沪宁、陈峰译，上海译文出版社 1987 年版。

[8] [法] 孟德斯鸠：《论法的精神（上）》，张雁深译，商务印书馆 1961 年版。

[9] [法] 孟德斯鸠：《罗马盛衰的原因论》，婉玲译，商务印书馆 1962 年版。

[10] 沈宗灵：《现代西方法理学》，北京大学出版社 2003 年版。

[11] [美] 博登海默：《法理学：法律哲学与法律方法》，邓正来译，中国政法大学出版社 1999 年版。

[12] [英] 阿克顿：《自由与权力》，侯健、范亚峰译，商务印书

馆 2001 年版。

［13］［古希腊］亚里士多德：《政治学》，吴寿彭译，商务印书馆
　　　 1965 年版。

［14］［英］洛克：《政府论》，叶启芳等译，商务印书馆 1964
　　　 年版。

［15］［英］米尔恩：《人的权力与人的多样性》，夏勇等译，中国
　　　 大百科全书出版社 1995 年版。

［16］［美］杰弗逊：《杰弗逊选集》，朱曾汶译，商务印书馆 1999
　　　 年版。

［17］［英］波普：《开放社会及其敌人（第 2 卷）》，郑一明等译，
　　　 中国社会科学出版社 1999 年版。

［18］［英］边沁：《道德与立法原理导论》，时殷弘译，商务印书
　　　 馆 2000 年版。

［19］陈瑞华：《问题和主义之间——刑事诉讼基本问题研究》，中
　　　 国人民大学出版社 2005 年版。

［20］［意］贝卡利亚：《论犯罪与刑罚》，黄风译，中国大百科全
　　　 书出版社 1993 年版。

［21］［美］罗斯科·庞德著：《普通法的精神》，唐前宏等译，法
　　　 律出版社 2001 年版。

［22］李小兵：《当代西方政治哲学主流》，中共中央党校出版社
　　　 2005 年版。

［23］夏勇：《中国民权哲学》，生活·读书·新知三联书店 2004
　　　 年版。

［24］赵敦华：《现代西方哲学新编》，北京大学出版社 2001 年版。

［25］［英］冯·哈耶克：《自由秩序原理（上）》，邓正来译，生
　　　 活·读书·新知三联书店 1997 年版。

［26］［美］约翰·汉弗莱：《国际人权法》，庞森等译，世界知识
　　　 出版社 1992 年版。

［27］王以真：《外国刑事诉讼法资料选编》，北京大学出版社 1995
　　　 年版。

[28] 顾培东:《社会冲突与诉讼机制》,法律出版社 2004 年版。

[29] 龙宗智:《刑事庭审制度研究》,中国政法大学出版社 2001 年版。

[30] [英] 戴维·米勒等:《布莱克维尔政治学百科全书》,邓正来等译,中国政法大学出版社 2002 年版。

[31] 夏勇:《人权概念起源》,中国政法大学出版社 2001 年版。

[32] 张凤阳,等:《政治哲学关键词》,江苏人民出版社 2006 年版。

[33] [德] 克劳思·罗科信:《刑事诉讼法》,吴丽琪译,法律出版社 2003 年版。

[34] [英] 丹宁:《法律的正当程序》,李克强等译,法律出版社 1999 年版。

[35] [德] 拉德布鲁赫:《法学导论》,米健等译,中国大百科全书出版社 1997 年版。

[36] 彭长顺:《百案奇谋——贪污贿赂犯罪侦查谋略》,中国检察出版社 2002 年版。

[37] [德] 托马斯·魏根特:《德国刑事诉讼程序》,岳礼玲等译,中国政法大学出版社 2004 年版。

[38] [英] 麦高伟等:《英国刑事司法程序》,姚永吉等译,法律出版社 2003 年版。

[39] 谢佑平:《刑事司法程序的一般理论》,复旦大学出版社 2003 年版。

[40] [法] 卡斯东·斯特法尼等:《法国刑事诉讼 (下)》,罗结珍译,中国政法大学出版社 1999 年版。

[41] 林钰雄:《刑事诉讼法 (上)》,中国人民大学出版社 2005 年版。

[42] [英] 杰弗里·威尔逊:《英国刑事司法程序》,麦高伟译,法律出版社 2004 年版。

[43] [英] A. J. H. 米尔思:《人的权利与人的多样性——人权哲学》,中国大百科全书出版社 1995 年版。

［44］［美］杜威：《哲学的改造》，许崇清译，商务印书馆1958
年版。

［45］陈新民：《德国行政公法基础理论》，山东人民出版社2001
年版。

［46］［美］约翰·奥尔特：《正当法律程序简史》，杨明成等译，
商务印书馆2006年版。

［47］马贵翔：《刑事司法程序正义论》，中国检察出版社2002
年版。

［48］林山田：《刑罚学》，台湾商务印书馆1985年版。

［49］谢佑平、万毅：《刑事诉讼法原则：程序正义的基石》，法律
出版社2002年版。

［50］季卫东：《法治秩序的建构》，中国政法大学出版社1999
年版。

［51］张文显：《法哲学范畴研究》，中国政法大学出版社2001
年版。

［52］［英］彼德·斯坦、［英］约翰·香德：《西方社会的法律价
值》，王献平译，中国人民公安大学出版社1990年版。

［53］［美］约翰·W. 斯特龙：《麦考密克论证据》，汤维建等译，
中国政法大学出版社2004年版。

［54］陈刚：《证明责任法研究》，中国人民大学出版社2000年版。

［55］［德］汉斯·普维庭：《现代证明责任问题》，吴越译，法律
出版社2000年版。

［56］卞建林：《刑事诉讼的现代化》，中国法制出版社2003年版。

［57］李浩：《民事举证责任研究》，中国政法法学出版社1993
年版。

［58］孙长永：《刑事诉讼证据与程序》，中国检察出版社2003
年版。

［59］黄维智：《刑事证明责任研究——穿梭于实体与程序之间》，
北京大学出版社2007年版。

［60］江伟：《证据法学》，法律出版社1999年版。

［61］陈瑞华：《刑事审判原理论》，北京大学出版社 1997 年版。

［62］［英］丹宁：《法律的训诫》，法律出版社 1985 年版。

［63］顾培东：《社会冲突域诉讼机制》，四川人民出版社 1991 年版。

［64］［日］小野清一郎：《犯罪构成要件理论》，王泰译，中国人民公安大学出版社 2004 年版。

［65］［日］田口守一：《刑事诉讼法》，刘迪、张凌等译，法律出版社 2000 年版。

［66］［美］南希·弗兰克等：《美国刑事法院诉讼程序》，陈卫东等译，中国人民大学出版社 2002 年版。

［67］李学灯：《证据法比较研究》，五南图书出版公司 1992 年版。

［68］陈朴生：《刑事证据法》，三民书局 1979 年版。

［69］孙长永：《日本刑事诉讼法导论》，重庆大学出版社 1993 年版。

［70］宋英辉：《日本刑事诉讼法》，中国政法大学出版社 2000 年版。

［71］［日］铃木茂嗣：《刑事证据法的若干问题》，法律出版社/日本成文堂 1997 年版。

［72］［日］西原春夫：《日本刑事法的形成与特色》，法律出版社/日本成文堂 1997 年版。

［73］高忠智：《美国证据法新解——相关性证明及其排除规则》，法律出版社 2004 年版。

［74］［英］塞西尔·特纳：《肯尼刑法原理》，华夏出版社 1989 年版。

［75］［英］戴维·M. 沃克：《牛津法律大辞典》，光明日报出版社 1988 年版。

［76］《法国刑事诉讼法典》，余叔通、谢朝华译，中国政法大学出版社 1997 年版。

［77］王以真：《外国刑事诉讼法学》，北京大学出版社 2004 年版。

［78］宋英辉、孙长永、朴宗根等：《外国刑事诉讼法》，北京大学

出版社 2011 年版。

［79］龚祥瑞：《比较宪法与行政法》，法律出版社 2003 年版。

［80］胡锦光：《中国宪法问题研究》，新华出版社 1998 年版。

［81］王名扬：《美国行政法》，中国法制出版社 1995 年版。

［82］罗豪才：《中国司法审查制度》，北京大学出版社 1993 年版。

［83］［美］特伦斯·欧文：《古典思想》，覃方明译，辽宁教育出版社 1998 年版。

［84］［英］哈耶克：《自由秩序原理》，邓正来译，生活·读书·新知三联书店 1997 年版。

［85］［英］戴雪：《英宪精义》，雷宾南译，中国法制出版社 2001 年版。

［86］［日］小岛武司等：《司法制度的历史与未来》，汪祖兴译，法律出版社 2000 年版。

［87］孙笑侠：《程序的法理》，商务印书馆 2005 年版。

［88］卞建林：《证据法学》，中国政法大学出版社 2002 年版。

［89］［日］谷口安平：《程序的正义与诉讼》，王亚新、刘荣军等译，中国政法大学出版社 1996 年版。

［90］陈瑞华：《刑事诉讼的前沿问题》，中国人民大学出版社 2000 年版。

［91］李心鉴：《刑事诉讼构造论》，中国政法大学出版社 1997 年版。

［92］姚莉：《刑事诉讼法》，中国政法大学出版社 2006 年版。

［93］［美］约翰·罗尔斯：《正义论》，中国社会科学出版社 1988 年版。

［94］宋英辉：《刑事诉讼原理导读》，中国检察出版社 2008 年版。

［95］魏玉民：《非羁押性强制措施研究》，法律出版社 2010 年版。

［96］冀祥德：《最新刑事诉讼法释评》，中国政法大学出版社 2012 年版。

［97］王桂五：《中华人民共和国检察制度研究》，中国检察出版社 2008 年版。

［98］张智辉：《检察权研究》，中国检察出版社 2007 年版。

［99］宋英辉：《取保候审适用中的问题与对策研究》，中国人民公安大学出版社 2007 年版。

［100］陈卫东：《保释制度与取保候审》，中国检察出版社 2003 年版。

［101］［英］杰弗里·威尔逊：《英国刑事司法程序》，麦高伟译，法律出版社 2003 年版。

［102］［美］康纳德·布莱克：《社会学视野中的司法》，郭新华译，法律出版社 2002 年版。

［103］陈光中：《诉讼法理论与实践》，中国方正出版社 2005 年版。

［104］赵秉志：《香港刑事诉讼程序法》，北京大学出版社 1996 年版。

［105］齐树洁：《英国司法制度》，厦门大学出版社 2005 年版。

［106］［英］塞西尔·特纳：《肯尼刑法原则》，王国庆等译，华夏出版社 1986 年版。

［107］陈瑞华：《比较刑事诉讼法》，中国人民大学出版社 2010 年版。

［108］［德］Claus Roxin：《德国刑事诉讼法》，吴丽琪译，法律出版社 2003 年版。

［109］程汉大：《英国政治制度史》，中国社会科学出版社 1995 年版。

［110］［德］约阿希姆·赫尔曼：《德国刑事诉讼法典》，李昌珂译，中国政法大学出版社 1995 年版。

［111］张学仁：《外国法制史资料选编》，群众出版社 1988 年版。

［112］［英］David Evans：《保释：英格兰和威尔士现行法和实践概览》，徐美君译，中国检察出版社 1995 年版。

［113］［美］爱伦·豪切斯泰勒·斯戴丽等：《美国刑事法院诉讼程序》，陈卫东、徐美君译，中国人民大学出版社 2002 年版。

［114］樊崇义：《证据法学》，法律出版社 2003 年版。

［115］隋光伟：《羁押论》，吉林大学出版社 2008 年版。

［116］房国宾：《审前羁押与保释》，法律出版社 2011 年版。

［117］江涌：《未决羁押制度的研究》，中国人民公安大学出版社
2011 年版。

［118］［英］迈克·麦康维尔：《英国刑事诉讼法选编》，岳礼铃
译，中国政法大学出版社 2000 年版。

［119］Wayne R. Lafave, Jerold H. Israel and Nancy J. King. Prin-
ciples of Criminal Procedure：Post - Investigation ［M］. Minneso-
ta：Thompson West, 2009.

［120］Joshua Dressler. Understanding Criminal Procedur（3rd ed.）
［M］. Dayton：LexisNexis, 2002.

［121］John Sparack. Evidence on Criminal Procedure ［M］. Black-
stone Press limited, 2000.

［122］James. Civil Procedure ［M］. Ohio：Anderson Publishing
Co., 1965.

［123］Pual F. Rothstein. Evidence：State and Federal Rule ［M］.
Minnesota：West Pubish Co., 1981.

［124］John C. Klooer. Criminal Evidence（5th ed.）［M］. Ohio：
Anderson Publ ishing Co., 1992.

［125］Edward Philips. Briefcase on evidence ［M］. Cavendish Pub-
lishing Limited, 1996.

［126］Peter Mupohy. Murphy on Evidence（3rd ed.）［M］. Black-
stone Press Limited, 1997.

［127］I. H. Dennis. The Law of Evidence ［M］. Sweet &
Maxwell, 1999.

［128］Stanley A. Cohen. Privacy, Crime and Terror ［M］. 2005：
217 - 222.

［129］S. Smith, F. Jelly. The History of English Law ［M］. London：
Fourmat Publishing, 1986：86.

［130］Coory Publ. The Reform of Bail in Canada, Criminal Law Review［M］. Canada：Vancouver University，1998：645.

［131］Gary T. Trotter . The Law of Bail in Canada（second edition）
［M］. 12 – 13.

［132］Denis Keenan. Smith and Keenam's English law ［M］. New
York：Pitmam Publishing Ltd. ，1986：48.

［133］J. Raine ，M. Willson. The Imposition of Conditions in Bail De-
cisions［M］. Howard JCJ ，1996：256.

［134］US Free Bail Assistance. Nationwide Bail Bonds Directory ：His-
tory of Bail ，incfo@ bail – bond. August 13，2005.

［135］Neil Corre. Bail in Criminal Proceedings ［M］. London ：Four-
mat Publishing ，1990：xii.

［136］Michael Zander. Bail：ARe – Appraisa，Criminal Law Review
［M］. London：Fourmat Publishing ，1967：679.

［137］Barbara J. Shapiro. Beyond Reasonable Doubt and Probable
Cause：Historical Perspectives on the Anglo – American Law of Evi-
dence ［M］. California ：University of California Press，1991.

B. 专著中析出的文献

［1］张昌邦：《刑事诉讼之提出证据责任》，刁荣华：《比较刑事证
据法各论》，汉林出版社 1984 年版。

［2］何家弘：《事实，断想》，《证据学论坛》，中国检察出版社
2000 年版。

［3］岳礼玲：《德国刑事证据制度中的若干问题》，《诉讼法新探》，
中国法制出版社 2000 年版。

［4］宋英辉、樊崇义：《刑事审前程序中裁判权及其主体刍议》，
《诉讼法学新探》2000 年。

［5］陈运财：《刑事诉讼之举证责任与推定》，《刑事证据法则之新
发展——黄东熊教授七秩祝寿论文集》，学林文化事业有限公司
2003 年版。

［6］黄朝义：《严格证明与自由证明》，《刑事证据法则之新发

展——黄东熊教授七秩祝寿论文集》，学林文化事业有限公司
2003 年版。

[7] 爱丁顿诉得克萨斯州 ［G］//美国联邦最高法院判例汇编，
2003 年版。

[8] 王家福：《关于依法治国，建设社会主义法治国家的理论和实
践问题》，《中共中央法制讲座汇编》，法律出版社 1998 年版。

[9] ［英］柏林：《两种自由概念》，陈晓林译，《市场逻辑与国家
观念》，生活·读书·新知三联书店 1995 年版。

C. 期刊中析出的文献

[1] 陈卫东、隋光伟：《现代羁押制度的特征：目的、功能及实施
要件》，《中国司法》2004 年第 9 期。

[2] 蔡震荣：《论比例原则与基本人权之保障》，《警政学报》1990
年第 17 期。

[3] 李震山：《西德警察法之比例原则与裁量原则》，《警政学报》
1986 年第 9 期。

[4] 盛子龙：《必要性原则作为规范违宪审查之准则》，《宪政时
代》2015 年第 3 期。

[5] 张新新：《试论我国有关逮捕的立法的完善》，《黑龙江政法管
理干部学院学报》2006 年第 6 期。

[6] 周佑勇：《行政裁量的均衡原则》，《法学研究》2006 年第
4 期。

[7] 闵春雷：《严格证明与自由证明新探》，《中外法学》2010 年第
5 期。

[8] 周永坤：《司法权的性质与司法改革战略》，《金陵法律评论》
2003 年第 2 期。

[9] 陈海平：《刑事审前司法审查制度构建论纲——刑事诉讼法再
修改背景下的期待》，《贵州警官职业学院学报》2003 年第
1 期。

[10] 何家弘：《论司法证明的目的和标准》，《法学研究》2001 年

第 6 期。

[11] 宋英辉：《证据法学基本问题之反思》，《法学研究》2005 年第 6 期。

[12] 刘季幸：《试论刑事被告的相对举证责任》，《西北政法大学学报》1985 年第 2 期。

[13] 翁晓斌、龙宗智：《罪错推定与举证责任倒置》，《人民检察》1999 年第 4 期。

[14] 孙长永：《论刑事诉讼中的证明责任》，《中外法学》2004 年第 3 期。

[15] 陈瑞华：《在公正与效率之间——英国刑事诉讼制度的最新发展》，《中外法学》1998 年第 6 期。

[16] 林钰雄、杨云骅、赖浩敏：《严格证明的映射：自由证明法则及其运用》，《国家检察官学院学报》2007 年第 5 期。

[17] 闵春雷：《严格证明与自由证明新探》，《中外法学》2010 年第 5 期。

[18] 龙宗智：《论检察权的性质与检察机关的改革》，《法学》1999 年第 10 期。

[19] 万春：《当前侦查监督工作若干问题》，《侦查监督指南创刊号》2011 年。

[20] 易延友：《刑事强制措施体系及其完善》，《法学研究》2012 年第 3 期。

[21] 左卫民：《进步抑或倒退：刑事诉讼法修改草案述评》，《清华法学》2012 年第 1 期。

[22] 孙长永：《强制侦查的法律控制欲司法审查》，《现代法学》2005 年第 5 期。

[23] 徐静村、潘金贵：《论英国保释制度及其借鉴意义》，《政治与法律》2004 年第 1 期。

[24] 曾泉生、苏静：《非羁押诉讼的机制构建》，《中国检察官》2011 年第 1 期。

[25] 宋英辉：《关于取保候审适用具体问题的调研分析》，《法学》

2008 年第 6 期。

[26] 孙力、罗鹏飞：《审判阶段羁押必要性的继续审查》，《国家检察官学院学报》2012 年第 12 期。

[27] Jessica N. Cohen. The Reasonable Doubt Jury Instruction：Giving Meaning to a Critical Concept ［J］. Am. j. Crim. L. Vol. 22，1995.

[28] Jon O. Newman. Madison Lecture：Beyond Reasonable Doubt ［J］. 68 N. Y. U. L. Rev. 979. 984，1993.

[29] H. Richard Uviller. Acquitting the Guilty：Two Case Studies on Jury Misgivings and the Misunderstood Standard of Proof ［J］. 2 Grim. L. F. 1990 （1）.

D. 报纸中析出文献

[1] 王伟、戚进松：《羁押必要性审查制度的具体构建》《检察日报》2011 年 7 月 6 日。

[2] 刘松：《羁押必要性审查制度需细化》，《法制日报》2012 年 7 月 6 日。

E. 电子文献（包括专著或连续出版物中析出的电子文献）

[1] 黄洁：《北京检察机关首次启动羁押必要性审查》［EB/OL］. ［2013 - 1 - 15］http：//www. spp. gov. cn/dfjcdt/201301/t20130105_ 52408. shtml。

[2] 曹建明：《最高人民检察院工作报告》［R/OL］. （2011 - 3 - 11）［2012 - 8 - 20］. http：//www. spp. gov. cn/gzbg/201208/t20120820_ 2498. shtml。

[3] 曹建明：《最高人民检察院工作报告》［R/OL］. （2012 - 3 - 11） ［2012 - 8 - 20］. http：/ /www. spp. gov. cn/gzbg/201208/t20120820_ 2499. shtml.